Helden und Heilige

Helden und Heilige

Lebensgeschichten unserer Namenspatrone

Erzählt von
Marilis Kurz-Lunkenbein

Mit Bildern von
Maren Briswalter

Pattloch

Bibliografische Information der Deutschen Bibliothek
Die Deutsche Bibliothek verzeichnet diese Publikation in
Der Deutschen Nationalbibliografie; detaillierte bibliografische Daten
sind im Internet unter http://dnb.ddb.de abrufbar.

©2005 Pattloch Verlag GmbH & Co. KG, München
Herstellung, Layout und Satz: Elke Martin, München;
gesetzt aus: 13 auf 19 Punkt LuMarc Roman
Umschlaggestaltung: Daniela Meyer, München
Umschlagillustration: Maren Briswalter
Lektorat: Michael Schönberger

Reproduktion: Repro Ludwig, A – Zell am See
Druck und Bindung: Appl, Wemding
Printed in Germany

ISBN 3-629-01333-3

Bitte besuchen Sie uns im Internet: www.pattloch.de

Vorwort

„Heilige sind wie Kirchenfenster: Wenn die Sonne hindurchscheint, das Licht, das von Gott kommt, dann werden sie bunt" – hat einmal ein kluger Beobachter festgestellt. Er hat Recht, denn nicht immer waren Heilige Helden, manchmal Helden des Alltags, häufig auch nur graue Mäuse, deren Leben erst dann bunt wurde, als sie Jesus Christus nachfolgten.

In diesem Buch werden 47 der bekanntesten Frauen und 69 Männer in kurzen Lebensbeschreibungen vorgestellt. Wir wollen sie Helden und Heilige nennen. Denn es finden sich darunter die beliebtesten Namenspatrone, nach denen gerade heute wieder viele Kinder benannt werden.

Von vielen „alten" Heiligen ist nur wenig bekannt. Häufig sind es frühe Glaubenszeugen, die ihr Leben schon zur Zeit der römischen Christenverfolgung verloren haben. Manchmal sind fromme Legenden überliefert, die man nicht unbedingt glauben mag. Aber sie sind hübsch und lassen diese Menschen aus dem grauen Nebel der Vergessenheit emporsteigen.

Manche Lebensbilder zeigen besondere Menschen, die uns zeitlich noch sehr nahe stehen. Zum Beispiel Mutter Teresa oder Dietrich Bonhoeffer, Martin Luther King und Maria Montessori, die uns, obwohl sie noch nicht offiziell heilig gesprochen sind, es vielleicht auch nie werden, aufgrund ihres Lebens Beispiel und Vorbild sein können.

Sie alle sollen wie Kirchenfenster leuchten!

Allen, die mehr über ihren Namenspatron wissen wollen, die berühmte Namensvettern oder -cousinen kennen lernen wollen oder vielleicht sogar auf der Suche nach einem schönen Vornamen sind, wünscht viel Freude bei der Lektüre

Ihre/ Eure Marilis Kurz-Lunkenbein

Albert der Große (Albertus Magnus)

15. November

Albertus, Alberta, Albertina, Adalbert, Bert, Albin

Der kleine Albertus hat's gut. Sein Vater ist ein Ritter. Seine Eltern sind wohlhabende Leute, die ihrem kleinen Sohn im schwäbischen Lauingen eine fröhliche Kindheit und Jugend bieten. Das ist zu damaliger Zeit, so um das Jahr 1200 herum, ziemlich außergewöhnlich, denn die meisten Menschen sind eher arm. Umso ungewöhnlicher ist deshalb auch der Lebenslauf des kleinen Albertus, der einmal ein großer Heiliger werden wird. Doch der Reihe nach: 1223 tritt Albertus in den Orden der Dominikaner ein, der erst zehn Jahre zuvor gegründet worden ist. Warum tut er das? Vielleicht entsprechen Reichtum und Luxus, den Albertus als Kind bei seinen Eltern erlebt, einfach nicht seinem wahren Denken? Das Armutsgelöbnis und die einfache Lebenseinstellung der Dominikaner faszinieren den jungen Mann dagegen sehr. Albertus, der verwöhnte, reiche Sohn, will lieber ein einfacher Mensch unter einfachen Menschen sein.

Daraus wird aber nichts: Seine Mitbrüder erkennen schnell, dass Albertus ein außergewöhnlich kluger Kopf ist. Was er einmal gelesen hat, vergisst er nie. Und er liest wirklich viel und interessiert sich für alles.

So wird Albertus Professor. Er arbeitet an berühmten Universitäten in Freiburg, in Regensburg und Straßburg und schließlich sogar in Paris. Neben Paris wird Köln seine zweite Heimat.

In Köln soll es zu einer Begegnung mit Kaiser Wilhelm von Holland gekommen sein. Am Dreikönigstag 1248 lädt Albertus den Kaiser zu sich zum Essen ein. Sein Kloster ist jedoch viel zu klein, um den Kaiser mitsamt seinem Gefolge unterzubringen. Also lässt er in eisiger Kälte und tiefem Schnee alle zum Mittagessen in den Klostergarten bitten. Der Kaiser will nicht unhöflich sein und willigt ein. Kaum sitzt man zu Tisch, wird es schön, die Sonne scheint und es wird warm wie im Sommer. Laub und Gras kommen heraus und die Bäume fangen an zu blühen. Alle legen ihre Wintersachen ab und tafeln fröhlich. Kaum ist das Essen zu Ende, bricht der Winter wieder mit Eis und Schnee herein. Schnell drängen die Gäste zum Aufbruch und danken Albertus für dieses Erlebnis.

Später wird Albertus Bischof von Regensburg. Doch nur für zwei Jahre, denn dieses hohe Amt gefällt ihm gar nicht. Seine Studenten und Schüler sind ihm wichtiger. Unter diesen ist auch ein junger Mann namens Thomas von Aquin. Dieser wird später einmal einer der größten Gelehrten und nach seinem viel zu frühen Tod von der Kirche heilig gesprochen. Auch dazu gibt es eine Geschichte. Albertus ist damals schon 77 Jahre alt. Natürlich wird er zur Zeremonie der Heiligsprechung seines Schülers Thomas nach Paris eingeladen. Und Albertus, der in Köln lebt, denkt nicht lange nach: Er packt einen Beutel voll Essen ein, spricht ein kurzes Gebet und marschiert im Morgengrauen durch das Kölner Stadttor, um zu Fuß die weite Strecke von Köln nach Paris zurückzulegen.

Albertus stirbt am 15. November 1280 in Köln. Sein Todestag ist auch sein Gedenktag. Albert ist Diözesanheiliger von Köln und der Patron der Naturwissenschaftler, Theologen, Philosophen und Studenten.

Albert Schweitzer

4. September

Viele Menschen lieben auch heute noch ihren „Urwalddoktor" Albert Schweitzer über alles, er ist ihr großes Vorbild. Als Sohn eines Dorfpfarrers wird er 1875 in Günsbach im Elsass geboren. Sein christliches Elternhaus prägt ihn sein Leben lang. So studiert der junge Mann zunächst Theologie und Philosophie in Straßburg. Seine zweite Leidenschaft aber gehört der Musik. Schon als Kind liebt er die schöne Orgel in der Dorfkirche seines Vaters über alles, und so wird er fast nebenbei noch ein großartiger Orgelspieler. Obwohl er in jungen Jahren schon vieles erreicht hat: zufrieden ist Albert nicht! Er will mehr aus seinem Leben machen – will anderen helfen. Ausgerechnet nach Afrika zieht es ihn – auf den Kontinent also, von dem man damals kaum etwas weiß. Und das, was man in Europa hört, sind immer nur schreckliche Dinge von den schwarzen Wilden. Von solchen dummen Vorurteilen lässt sich Albert Schweitzer nicht abhalten. Er fühlt, dass er gebraucht wird, und studiert deshalb noch Medizin – schließlich will er in Afrika helfen können. 1912, gleich nach Beendigung seines Medizinstudiums, zieht der frisch gebackene Doktor zusammen mit seiner Frau Helene mitten in den Urwald. Helene Schweitzer ist zunächst gar nicht begeistert. Sie möchte ihre Heimat, ihre vertraute Umgebung nicht verlassen und in die „Wild-nis" ziehen. Außerdem hat sie Angst vor dem Urwald, mit all seinen wilden Tieren, mit Schlangen und Spinnen. Und ein bisschen auch vor den wilden „Schwarzen". Aber die Liebe zu ihrem Albert macht sie

stark. Sie überwindet ihre Angst und begleitet Albert ins unbekannte
Afrika. In Gabun gründen die Schweitzers mitten im Dschungel das
Hospital Lambarene, das heute noch weltberühmt ist, weil der Urwalddoktor darin unzähligen Menschen das Leben gerettet hat. Für
die Einheimischen ist Dr. Schweitzer ein wahrer Engel. Mit einfachs-
ten Mitteln und oft unter den abenteuerlichsten Umständen hilft er,
Kinder zur Welt zu bringen, er flickt gebrochene Knochen wieder zusammen und entfernt entzündete Blinddärme.

Neben seiner anstrengenden täglichen Arbeit im Urwaldhospital
Lambarene nimmt er sich die wenige ihm bleibende Zeit für andere
Aufgaben: Er schreibt große, wichtige Bücher, die viele begeisterte
Leser finden. Außerdem reist er durch die ganze Welt und hält Vor-
träge.

Sein großes Werk, das für ihn immer unter dem Motto „Frieden
unter den Menschen" steht, kann aber nur mit viel Organisations-
geschick und dem Glauben an sein eigenes Tun gelingen. Um Geld
für sein Krankenhaus zu sammeln, reist Albert Schweitzer immer
wieder nach Europa. Seine Orgelkonzerte haben großen Zulauf,
denn inzwischen ist der Urwalddoktor ein berühmter Mann geworden. Das ist ihm aber gar nicht unrecht. Denn gezielt nutzt Albert
Schweitzer seine Popularität, um sein Leben lang für den Frieden
unter den Menschen zu werben. Für seinen unermüdlichen Einsatz
für die Ärmsten der Armen, für den Schutz des Lebens und den
Frieden in der Welt erhält er 1952 den Friedensnobelpreis.

Albert Schweitzer stirbt am 4. September 1965 mit 90 Jahren in
seinem geliebten Urwald. Sein Todestag ist auch der Tag, um
seiner zu gedenken.

Alexander

3. Mai
Alex, Axel, Sascha, Sandro

Es gab in Laufe der Weltgeschichte viele berühmte Männer mit Namen Alexander. Einer von ihnen hat den Beinamen „der Große". Dieser Alexander lebt rund 400 Jahre vor Christi Geburt in Griechenland. Er ist ein großer Feldherr und Krieger. Aus Griechenland, das bis dahin aus vielen kleinen Staaten bestanden hatte, formt er einen einzigen großen Staat. Alexander der Große ist auch ein Eroberer. Bis nach Ägypten kommt er mit seinem Heer. Deshalb wurde dort die Stadt „Alexandria" nach ihm benannt.

Viel wichtiger für alle Christen ist jedoch Alexander von Rom. Dieser Alexander ist in den Jahren 107 bis 116 Bischof von Rom und damit einer der Nachfolger des heiligen Petrus. Alexander hat es als Oberhaupt der römischen Christen nicht leicht, denn die große Mehrheit der Römer glaubt damals noch an ihre alten Götter: an Jupiter, Juno und Neptun und viele andere mehr. Christen sind für die alten Römer in der damaligen Zeit Ungläubige. Und wer sich zum christlichen Glauben bekennt, lebt gefährlich. Er kann jederzeit verhaftet und hingerichtet werden. Doch die meisten Christen in Rom sind mutige Menschen. Sie weigern sich, ihrem Glauben untreu zu werden und die alten Götter anzubeten.

Das führt schließlich dazu, dass sie, um zu überleben, in den Untergrund gehen müssen. Unter den Straßen und Häusern im alten Rom gibt es eine zweite Stadt, eine Totenstadt.

In dieser Stadt unter der Stadt, den so genannten Katakomben, begraben die Römer ihre Toten. Hier ist es düster, feucht und stickig. Kein schöner Platz, aber ein ideales Versteck für die Christen, weil sie hier unbeobachtet ihre Gebetstreffen und Gottesdienste abhalten können.

Alexander jedoch will sich nicht sein Leben lang verstecken. Er ist schließlich der Bischof von Rom, also das Oberhaupt der christlichen Gemeinde. Mutig tritt er den Römern entgegen und verlangt Respekt für sich und seine Glaubensgemeinde. Davon wollen die Römer aber nichts wissen. Sie verlangen vielmehr, dass Bischof Alexander die alten römischen Götter anbetet. Als sich Alexander weigert, drohen sie ihm sogar mit dem Tod. Trotzdem bleibt er standhaft.

Schließlich machen seine Verfolger ihre Drohung wahr. Sie verhaften den tapferen Bischof, werfen ihn in einen Kerker und foltern ihn zu Tode. Damit wird er zum „Märtyrer". So nennt man Menschen, die für ihren Glauben leiden oder sogar sterben müssen.

Der Mut Alexanders macht schon 50 Jahre später einen anderen Alexander stark. Er hatte sich diesen Namen zu Ehren des getöteten Bischofs gegeben. Auch er wird vor die Wahl gestellt, dem Glauben an Jesus abzuschwören oder zu sterben. Und auch er entscheidet sich im Jahre 167 für Jesus und damit für den Tod.

Sein Gedenktag ist der 10. Juli.

Der Gedenktag des Alexanders von Rom ist der 3. Mai.

Der Name Alexander kommt aus dem Griechischen und bedeutet „der Wehrhafte" oder auch „der Verteidiger, Helfer, Beschützer".

Alexandra von Ägypten

21. April
Alexandra, Alexa, Alexis, Sandra

Alexandra von Ägypten lebt im 4. Jahrhundert am Ufer des großen Flusses Nil im südlichen Ägypten. Schon als junge Frau beschließt sie, ihr Leben Christus zu widmen. Und weil sie ungestört Gott ganz nahe sein will, zieht sie in ein altes ägyptisches Grabmal und verbringt dort betend und fastend ihr Leben. Über 50 Jahre lang lebt sie dort ganz allein. Die Menschen in den Dörfern um sie herum verehren sie wie eine Heilige und kommen immer wieder zu ihr, um sie um Rat zu fragen. Der Name Alexandra kommt aus dem Griechischen und bedeutet so viel wie „wehrhafte Frau".
Ihr Gedenktag ist der 21. April.

Andreas

30. November

Andrea, André, Andy, Andras, Anders, Andrée, Andrei, Andrew

Andreas lebt als Fischer am See Genezareth in Palästina im Heiligen Land. Heute nennt man das Land Israel. Eines Tages kommt ein junger Mann mit langen Haaren und einem Bart an den See, zu Andreas und seinem Bruder Simon. Der junge Mann schaut den Brüdern eine Weile beim Flicken ihrer Netze zu und sagt dann urplötzlich: „Folgt mir, ich will euch zu Menschenfischern machen." Andreas und Simon sind total müde, sie haben die ganze Nacht gefischt und nichts gefangen.

Trotzdem folgen sie dem Unbekannten. Sie verstehen zwar nicht,
was dieser mit dem Wort „Menschenfischer" meint, spüren aber,
dass von ihm eine unglaubliche Anziehungskraft ausgeht.

Ob Andreas schon ahnt, dass es sich bei diesem Mann, der aussieht
wie ein Hippie, um den Heiland, den „Messias" handelt, von dem im
Alten Testament die Rede ist? Aber auf jeden Fall merkt Andreas,
dass dieser Mensch etwas Besonderes ist.

In der Bibel steht auch, dass Jesus die Brüder auffordert, noch einmal die Netze im See auszuwerfen. Andreas muss dies komisch
vorgekommen sein, denn in der Nacht zuvor hatten er und Simon
keinen einzigen Fisch gefangen.

Doch sie gehorchen, ohne zu murren, obwohl das Fischen eine
anstrengende Sache ist und die Brüder ziemlich müde sind.

Oh Wunder! Diesmal lohnt es sich, denn sie fangen eine unglaub-liche Menge Fische – so viele, wie sie noch nie gesehen haben. So erlebt also der Fischer Andreas mit eigenen Augen, wie Jesus ein Wunder wirkt. Daraufhin folgt ihm Andreas bedenkenlos und wird einer seiner ersten Apostel. Nach Jesu Tod und seiner Auferstehung zieht Andreas durch viele Länder und verkündet überall die christ-liche Botschaft. Wie Jesus ihn einst eingeladen hatte, wird er zum „Menschenfischer" – er zieht die Menschen zu sich heran, um sie für den Glauben an Gottes Sohn zu begeistern.

Viele Länder durchreist er. In der Türkei, in Bulgarien, ja sogar in Russland soll er den Glauben an seinen Herrn Jesus Christus ver-kündigt haben. Und er soll das gleiche Schicksal erleiden und den gleichen schrecklichen Tod finden wie sein geliebter Meister: Irgendwann auf seinen Reisen kommt Andreas ins heutige Griechen-land. In der Stadt Patras will ihn der dortige römische Statthalter Aegeas zwingen, den römischen Göttern ein Opfer zu bringen. „Ich glaube nicht an deine Götter und ich werde ihnen ganz sicher nicht dienen", so oder so ähnlich antwortet Andreas. Aegeas wird darauf-hin so zornig, dass er Andreas mit Geißeln auspeitschen lässt. Dann lässt er Andreas an ein Kreuz nageln, an dem der Apostel nach drei Tagen schließlich unter großen Schmerzen stirbt. Vorher tröstet er noch die Zuschauer, die in ihm einen Heiligen sehen und keine Schuld bei ihm finden können. Sein Kreuz hatte übrigens die Form eines X. Man findet es heute zuweilen als Warnhinweis vor einem Bahnübergang und es heißt noch immer „Andreaskreuz".

Andreas ist Patron der Fischer und auch Griechenlands.

Sein Gedenktag ist der 30. November.

Angelina

10. Dezember

Angela, Angelika, Angeline, Angelique

Angelina ist die Tochter eines Adligen aus Albanien. Sie heiratet einen serbischen Fürsten namens Stephan. Dieser ist vor den Unruhen in seiner Heimat nach Albanien geflohen. Die beiden sind glücklich verheiratet und haben zwei Söhne. Doch Stephan stirbt viel zu früh. Dadurch gerät die junge Witwe in große Not und Armut. Sie hätte mit ihren beiden Söhnen betteln müssen.

Doch zum Glück erbarmt sich Kaiser Friedrich III. ihrer und überlässt ihr zunächst das Schloss Weitersfeld bei Gurk in Österreich als Wohnsitz. 1486 braucht der Kaiser das Schloss dann aber für andere Zwecke. Und wieder droht Angelina und ihren Söhnen Obdachlosigkeit und Armut.

Aber das Schicksal zeigt sich noch einmal gnädig. Angelina bekommt vom ungarischen König Matthias das Schloss in Kupinik (Kelpén) im heutigen Serbien und zieht dorthin um.

„Ich habe trotz des frühen Todes meines Mannes und obwohl mir zwischenzeitlich schreckliche Armut drohte, im Leben doch sehr viel Glück gehabt", könnte sich Angelina damals gedacht haben. Aus Dankbarkeit gründet sie deshalb im Jahr 1496 zusammen mit einem ihrer Söhne das Frauen- und Männerkloster von Kruschedol in den Bergen unweit ihres Schlosses. Sie wird Äbtissin des Klosters und nimmt viele junge Witwen und Waisen in ihre Obhut.

Der Name Angelina bedeutet „die Engelähnliche" und für die jungen Frauen Serbiens ist die Fürstin tatsächlich wie ein gütiger Engel.

Es gibt viele Bilder von der Heiligen in ihrer Heimat Albanien und Serbien: Die zeigen sie mit einem Krug in der Hand. Aus diesem Krug gibt sie den Menschen, die zu ihr kommen und sie um etwas bitten, zu trinken. Das bedeutet, dass sie zu allen Menschen gütig war und allen denen etwas schenkt, die etwas brauchen: nicht nur Essen und Trinken.

Angelinas Gedenktag ist der 10. Dezember.

Anna

26. Juli

Anne, Anneliese, Annette, Anja, Annika, Antje, Annegret,
Annemarie, Annamaria, Nadja, Nadine, Nancy

Der Name „Anna" gehört zu den bekanntesten Namen in aller Welt. Was nicht verwunderlich ist, denn die heilige Anna ist die Großmutter von Jesus. Anna hat es nicht ganz leicht im Leben. Über 20 Jahre lang hoffen sie und ihr Mann Joachim darauf, endlich ein Kind zu bekommen. Doch es will einfach nicht klappen. Die beiden frommen Menschen versprechen schließlich in einem Gebet, ihr erstes Kind Gott zu weihen, wenn er ihnen denn eines schenken würde.

Bald darauf erscheint ein Engel bei Anna und Joachim und verkündet, dass Anna demnächst ein Kind haben wird, und zwar ein ganz besonderes Kind, eines, das von der ganzen Welt verehrt werde. Anna ist zu Hause und Joachim unterwegs auf Reisen, als beiden gleichzeitig der Engel erscheint. Überglücklich eilt Anna danach zum Tempel, um Gott zu danken. Doch wen trifft sie am Portal des Tempels? Ihren Mann Joachim, der offenbar die gleiche Idee hatte und eilig von seiner Reise zurückgekehrt ist. Sie fallen sich glücklich in die Arme und erzählen sich von der Erscheinung des Engels und seiner Weissagung. Dann gehen sie gemeinsam, Hand in Hand, in den Tempel, um zu beten und Gott zu danken.

Nach neun Monaten ist es so weit. Die kleine Maria wird geboren. Beide Eltern freuen sich sehr. Doch sie erinnern sich auch an das Versprechen, das sie Gott gegeben haben. Also bringen sie die kleine Maria – übrigens ein auffallend kluges und freundliches Mädchen – mit drei Jahren in den Tempel und übergeben das Kind dem Hohepriester Zacharias. Der soll Maria in Gottes Sinne erziehen. Wie man sich gut vorstellen kann, ist Anna ziemlich traurig, ihr kleines Mädchen nicht mehr bei sich zu haben. Schließlich hatte sie ja so viele Jahre darauf gewartet, ein Kind zu bekommen. Von Zeit zu Zeit besucht sie aber ihre Tochter und erlebt so wenigstens aus der Ferne mit, wie aus ihrem kleinen Mädchen eine wunderbare Frau wird, die spätere Mutter von Jesus.

Der Name Anna kommt aus dem Hebräischen und bedeutet „die Begnadete". Anna ist heute die Schutzheilige (Patronin) der Hausfrauen, der Mütter, der Ehe und der Bergleute. Ihr Festtag ist der 26. Juli, zu dem viele Menschen noch immer „Annentag" sagen.

Anne Frank

12. Juni

Eine andere berühmte Anna lebte in unserer Zeit: Anne Frank. Sie wird als Annelies Marie Frank am 12. Juni 1929 in Frankfurt am Main geboren und ist die Tochter eines jüdischen Bankiers. Aus Angst vor den Nationalsozialisten, die ab 1933 in Deutschland regieren und grausame Verbrechen an allen jüdischen Menschen verüben, flieht die Familie Frank 1933 nach Holland. Doch auch dort ist sie nicht in Sicherheit, die deutschen Soldaten kommen bis nach Holland und beginnen auch hier, die Juden zu verfolgen, einzusperren und zu töten.

Papa Frank versucht alles, um seine Familie zu retten. In einem umgebauten Holzverschlag hinter einem Amsterdamer Bürogebäude verstecken sich die Franks. Nur mit Hilfe treuer Freunde, die ihnen regelmäßig Essen bringen, können sie überleben. Die damals 13-jährige Anna beginnt in dieser Zeit, ein Tagebuch zu schreiben.

Sie nennt ihr Buch, dem sie alles anvertraut, „Kitty", denn es ist lange Zeit ihre einzige Freundin und Vertraute.

Dort hinein schreibt sie alle ihre Erlebnisse, Ängste, Sorgen, Hoffnungen und Träume.

Bis eines Tages etwas Furchtbares passiert: Das Versteck der Franks wird verraten und die ganze Familie in ein Konzentrationslager verschleppt. In diesem Lager – ein schlimmes Gefängnis, in dem viele Menschen umgebracht wurden – stirbt auch Anne Frank. Von ihrer Familie überlebt nur ihr Vater, der Annes Tagebuch wenige Jahre nach dem Krieg veröffentlicht. Als „Tagebuch der Anne Frank" ist es weltberühmt geworden.

Der Gedenktag für Anne Frank ist ihr Geburtstag, also der 12. Juni.

Antonius von Padua

13. Juni

Anton, Antonia, Antonie, Tona, Tonia, Tona

Antonius wird im Jahr 1195 in einer vornehmen Familie in Lissabon geboren. Seine Eltern nennen den Sohn Fernandez, doch später rufen ihn die Menschen Antonius. Das kommt aus dem Lateinischen und heißt: der Vordermann, der vorn Stehende. Diese Auszeichnung bekommt Antonius, weil er ein begnadeter Redner

ist, der mit seinen Predigten die Menschen begeistern kann. Und nicht nur die Menschen. Auch die Tiere hören ihm zu. So wie auch dem heiligen Franziskus. Kein Wunder, dass sich Antonius den Ideen und Lehren dieses anderen großen Heiligen sehr verbunden fühlt. Als er vom Leben in Armut des Franz von Assisi hört, schließt er sich ihm an und verkündet von da an das Christentum.

Antonius ist wirklich kein schöner Mensch. Und er ist häufig krank. Deshalb zieht er die Kapuze seines Mönchsgewandes tief ins Gesicht. Wenn er wieder einmal von einem schrecklichen Fieber gepackt wird, ist sein Gesicht ganz gelb. Will er dann zu den Menschen sprechen, sucht er sich einen erhöhten Platz. Manchmal setzt er sich auf den herunterhängenden Ast eines Baumes. Dann fängt er an, den Menschen von Gott zu erzählen. Seine Stimme ist unvergleichlich sanft und eindringlich. Die Menschen sind gefesselt. Sie spüren, hier spricht einer, der von Gott begeistert ist.

Doch nicht überall ist er willkommen. Eines Tages steht Antonius am Ufer von Rimini und will den Menschen von Gott erzählen. Doch die wollen ihn nicht hören. Aber Antonius lässt sich nicht beirren und predigt einfach schwungvoll weiter. Da versammeln sich die Fische im Meer am Ufer und recken neugierig ihre Köpfe aus dem Wasser. Dieses Wunder sorgt dafür, dass sich die ganze Stadt taufen lässt.

Jahre später wird Antonius als Lehrer junge Ordensbrüder in Italien und Frankreich in der Redekunst ausbilden.

Mit nur 36 Jahren stirbt Antonius am 13. Juni 1231 in Padua. Dort befindet sich heute noch eine berühmte Wallfahrtskirche, die an den großen Heiligen erinnert.

Armin

2. Juni
Hermann, Hermine

Der heilige Armin wird um das Jahr 260 herum in Armenien geboren. Daher kommt auch der Name, der so viel bedeutet wie „aus Armenien stammend". Weil die Christen dort verfolgt werden, flieht Armin zusammen mit seiner Mutter aus seiner Heimat in andere Länder. Auf ihrer Wanderschaft kommen sie auch ins nördliche Afrika. In Äthiopien erzählt man sich, der heilige Armin habe einst in einem kleinen Dorf Station gemacht. Dort sei der einzige Esel eines Bauern sehr krank gewesen und niemand konnte ihm helfen. Armin sieht sich das leidende Tier an und zeichnet ihm mit den Fingern das Kreuzzeichen zwischen die Augen.

Daraufhin soll sich der Esel innerhalb von wenigen Stunden erholt haben. Der Esel soll dann seinem Retter nicht mehr von der Seite gewichen sein. Und Armin habe dem armen Bauern daraufhin das Tier abgekauft. Der Esel soll ihm und seiner Mutter danach lange als Reisebegleiter gedient haben.

Bis ins nördliche Afrika sind Armin und seine Mutter gereist. Dort herrschen die Römer. Rom ist damals die mächtigste Stadt der Welt. In Rom regiert ein Kaiser, der wie ein Gott verehrt wird. Diokletian heißt er. Und Nordafrika ist die reichste und wichtigste Provinz der Römer. Denn von dort kommt das Getreide, das Brot für das ganze römische Weltreich. In Ägypten befielt ein Statthalter im Namen des Kaisers. Ihm ist wichtig, dass die Provinz treu zu Rom steht. Deshalb wacht er darüber, dass die Bürger die römischen Götter und den göttlichen Kaiser in Rom verehren. In den Christen sieht er eine Gefahr. Denn die glauben nicht an Jupiter und Juno, an die Göttin Roma und den göttlichen Diokletian. Deshalb lässt der römische Statthalter die Christen verfolgen. Er lässt sie fangen, verlangt von ihnen, dass sie ihrem Glauben abschwören und dem Kaiser opfern. Tun sie es nicht, werden sie getötet.

Nach der Überlieferung stirbt damals auch Armin als Märtyrer, weil er sich weigert, die römischen Götter anzuerkennen. Ein Hauptmann der römischen Armee soll ihn und seine Mutter im Jahr 304 in Marokko oder Tunesien erschlagen haben. Seit dieser Zeit wird Armin vor allem in Äthiopien, aber auch in Ägypten hoch verehrt. Armins Gedenktag ist der 2. Juni.

Bei den Christen in Ägypten gilt er als Patron der Reisenden. Oft wird er mit einem Esel und einem Palmenzweig dargestellt.

Barbara

4. Dezember
Bärbel, Babette, Babs, Barbie

Die heilige Barbara hat in Nikodemien gelebt, einer Stadt, die heute zur Türkei gehört. Sie ist eine wunderschöne kluge junge Frau, die von vielen Männern begehrt wird. Ihr Vater, ein reicher Kaufmann, ist dem römischen Kaiser Daja, der auch über Nikodemien herrscht, treu ergeben. Deshalb unterstützt er auch den heidnischen Herrscher bei seiner grausamen Christenverfolgung. Was er aber nicht ahnt: Seine Tochter hat sich heimlich taufen lassen und ist dadurch selbst Christin geworden. Zunächst meint es der Vater noch gut mit ihr und bedrängt sie, ihrem christlichen Glauben abzuschwören. Schließlich sperrt er sie in einen Turm mit drei Fenstern und lässt sie scharf bewachen. Barbara soll keine Gelegenheit haben, andere Christen zu treffen. Dann, so hofft der Vater, wird sie schon vernünftig werden.

Die gläubige Barbara aber sieht in den drei Fenstern des Turmes ein Zeichen Gottes, ein Symbol für die Dreieinigkeit. Das hilft ihr, bei allen Strapazen wie Hunger, Kälte und Durst standhaft zu bleiben. Nach einer Legende soll Barbara in ihrem Turm einen trockenen Kirschbaumzweig gefunden und diesen mit ihren letzten Tropfen Trinkwasser zum Blühen gebracht haben. Noch heute schneiden die Menschen am 4. Dezember Zweige von den Bäumen, um diese im warmen Zimmer mitten im Winter zum Blühen zu bringen – zur Erinnerung an Barbara, die für ihren Glauben viel Leid ertragen musste.

Als ihr Vater sie mit einem reichen Heiden verheiraten will, weigert sie sich beharrlich, kniet nieder und betet zu ihrem, dem einzigen Gott. Als die Römer das sehen, verurteilen sie sie zum Tode. Ihr eigener Vater soll sie angeblich mit seinem Schwert enthauptet haben. Direkt nach dieser Untat ist er von einem Blitz erschlagen worden. Deshalb wird die Patronin der Gefangenen und Bergleute bei Gewitter und Feuergefahren angerufen.

Benedikt

11. Juli
Benni, Benny, Benedikta

Der heilige Benedikt wird im Jahr 480 im kleinen Ort Nursia geboren. Das Dorf liegt hoch in den einsamen Bergen Umbriens in Italien. Zusammen mit seiner über alles geliebten Schwester Scholastika erlebt der kluge, aber stille Junge eine glückliche Kindheit. Als er älter wird, schicken ihn seine wohlhabenden Eltern zum Studieren nach Rom. Doch dort gefällt es ihm überhaupt nicht. Die Stadt ist ihm viel zu laut, die Studenten scheinen mehr an ihr Vergnügen als an ihr Studium zu denken. Wilde Feste mit Raufereien und viel zu viel Alkohol – das ist nicht Benedikts Welt. Also beschließt er, eine Weile ganz alleine zu leben, und zieht sich in eine kleine Höhle in den Sabiner Bergen bei Rom zurück.

Eines Tages entdecken Hirten dort den frommen Einsiedler, der sich nur von Früchten und Pilzen ernährt. Nun ist es mit seiner Ruhe vorbei: Immer mehr Leute kommen, um mit ihm zu beten oder sich einen Ratschlag zu holen. Auch die Mönche eines nahe gelegenen Klosters besuchen ihn immer wieder. Und überreden ihn schließlich sogar, ihr Kloster zu leiten, also Abt zu werden. Doch auch dort hält es Benedikt nicht lange aus, denn die Mönche benehmen sich kaum anders als die römischen Studenten. Auch hier wird zu viel getrunken und zu wenig an Gott gedacht. So zieht sich Benedikt wieder in die Berge zurück. Sein einziger Freund ist ein Rabe, der einst aus dem Nest gefallen war und den Benedikt aufgezogen hatte.

Wieder kommen junge Männer zu ihm – diesmal jedoch sind es solche, die so bescheiden und so fromm leben wollen wie er. Um Benedikts Klause bilden sich zwölf kleine Gemeinschaften mit jungen Menschen, die von Benedikt lernen wollen, wie man demütig lebt, um damit Gott näher zu kommen. Im Jahr 529 schließlich verlässt Benedikt mit seinen Mönchen die Sabiner Berge und gründet auf einem Berg südöstlich von Rom das später weltberühmte Kloster Montecassino. Hier legt er strenge Regeln fest, nach denen sich die Mönche richten, die ihnen aber auch das Leben in der Gemeinschaft erleichtern sollen. Weil sie jetzt genau wissen, wann sie beten, wann sie arbeiten und wann sie schlafen sollen.

Viele andere Klöster haben später diese Regeln übernommen und deshalb gilt der heilige Benedikt heute als eine Art Erfinder der Mönchsorden.

Doch nicht alle Mönche, die zu Benedikt kommen, können sich mit diesen strengen Regeln anfreunden. So wird erzählt, dass ein neuer Mönch heftig mit Benedikt gestritten und ihm am Abend Gift auf das Brot gestreut hatte, um ihn zu töten. Doch gerade als Benedikt das Brot in den Mund stecken will, fliegt sein Rabe heran, reißt ihm das Stück mit dem Schnabel aus den Fingern und lässt es in eine tiefe Schlucht fallen.

Benedikt stirbt am 21. März im Jahr 547 mitten im Gebet in der Klosterkirche. Von ihm stammt die noch heute bei den Benediktinern gültige Lebensleitlinie „Ora et labora", das bedeutet „bete und arbeite".

Sein Gedenktag ist der 11. Juli und er ist der Patron der Schulkinder, Lehrer, Höhlenforscher und Sterbenden. Papst Paul VI. hat ihn auch zum Schutzpatron von ganz Europa ernannt.

Benjamin

31. März
Ben, Beate, Bea

Der Name Benjamin ist schon sehr alt. Er stammt aus dem Alten Testament und bedeutet „Sohn des Glücks". Benjamin wird um 1800 vor Christus geboren und ist der jüngste Sohn von Jakob und Rachel. Seine Mutter stirbt bei seiner Geburt. Der Vater liebt seinen kleinen Sohn über alles. Als in Israel eine schreckliche Hungersnot herrscht, zieht Benjamin zusammen mit seinen zwölf älteren Brüdern nach Ägypten. Dort treffen sie ihren Bruder Josef wieder, von dem sie glaubten, dass er schon lange tot sei. Josef ist mittlerweile der wichtigste Berater des Pharaos. Der holt jetzt seine ganze Familie zu sich, auch den alten Vater Jakob. Benjamin und seine Brüder bleiben in Ägypten und begründen dort das Volk der Israeliten.
Der Name Benjamin ist auch bei uns ein Begriff für das „Nesthäkchen" einer Familie. Benjamin wurde der Gründer einer wichtigen Familie in Israel, aus der der Apostel Paulus stammt.
Benjamins Gedenktag ist der 31. März.
Er ist natürlich der Patron der Jüngsten in einer Familie.

Bernhard

20. August

Bernd, Bert, Bernard, Bernadette, Berta, Björn

Kaum jemand hätte bei diesem zarten, schwächlichen Jungen vermutet, dass er später einmal zu den größten Christen der Welt zählen würde. Geboren wurde Bernhard von Clairvaux ungefähr im Jahr 1090 als drittes von sieben Kindern. Weil seine Körperkraft für den Beruf des Ritters nicht ausreicht, lässt ihn sein Vater studieren. Nach der Schulzeit tritt Bernhard in ein strenges Kloster ein. Dort wird schnell deutlich, dass er ein ganz besonderes Talent hat: Er kann predigen wie niemand sonst. Seine Worte sind so überzeugend und mitreißend, dass niemand ihnen widerstehen kann. Eigentlich seltsam, denn ansonsten ist Bernhard ein eher bescheidener und zurückhaltender Mensch. Wenn es aber um seinen Glauben geht und darum, wie man Gott am besten dienen kann, gibt er alle Zurückhaltung auf.

Von weither kommen die Menschen, um ihn predigen zu hören. Schon mit 25 Jahren wird Bernhard Abt eines von ihm gegründeten Klosters in Clairvaux in Frankreich. Weil er so klug ist und großartig diskutieren und überzeugen kann, wird er zum Ratgeber für Päpste und Könige. Im Jahr 1146 ruft er in einer berühmten Rede zum Kreuzzug auf. Die Folgen dieser Rede aber gefallen ihm gar nicht, denn bei diesem zweiten Kreuzzug nach Jerusalem sterben viele unschuldige Menschen. Vielleicht bleibt er auch deshalb so bescheiden, weil er weiß, dass auch er Fehler macht.

Mehrmals will der Papst ihn zum Bischof machen, doch immer lehnt Bernhard ab.

Bernhard stirbt am 20. August 1153 in seinem Kloster in Clairvaux. Sein Name bedeutet „stark wie ein Bär", auch weil sein Verstand so unglaublich stark ist.

Der 20. August ist auch sein Gedenktag. Patron ist er für die Wachszieher, die Imker und die Bienen. Oft wird er auch angerufen gegen Kinderkrankheiten oder bei Angst vor Gewittern.

Cäcilia

22. November
Silke, Celina, Cäcilie

Cäcilia soll eine hübsche adelige Römerin gewesen sein, die sich schon als Kind zum christlichen Glauben hingezogen fühlte. Die Eltern verheiraten sie aber mit Valerianus, einem Heiden, der für das Christentum nichts übrig hat. Als sie mit ihrem Bräutigam allein ist, sagt sie zu ihm: „Ein Engel steht mir als Beschützer meiner Reinheit zur Seite." Valerianus lacht sie zunächst aus. Doch dann ist er einverstanden, wenn er dafür den Engel sehen dürfe. Cäcilia aber erklärt ihm, dass nur ein Getaufter den Engel sehen könne. Daraufhin geht Valerianus zu Bischof Urban und lässt sich tatsächlich taufen.

Als er zu Cäcilia zurückkehrt, sieht Valerianus einen Engel, der Cäcilia Kränze von Lilien und Rosen überreicht, die den Raum mit einem himmlischen Duft erfüllen. Als sein Bruder Tiburtius das Haus betritt, nimmt er ganz verwundert den Blumenduft wahr und wird ebenfalls zum Christentum bekehrt.

Die beiden Brüder kümmern sich jetzt um die verfolgten Christen. Eines Tages, als Valerianus und Tiburtius verbotenerweise die Leichen von hingerichteten Christen beerdigen wollen, werden sie überführt und ins Gefängnis geworfen. Als Wächter wird ihnen ein Ritter mit Namen Maximus zugewiesen. In langen Gesprächen bekehren sie auch diesen. Schließlich lässt der Präfekt Almachius alle drei enthaupten.

Almachius bedroht nun auch Cäcilias Leben. Als sie nicht vom
Glauben lassen will, lässt er sie in ein kochendes Bad setzen, doch sie
fühlt nur Kühle. Daraufhin versucht der Henker dreimal, sie durch
Schwerthiebe zu enthaupten, er soll es aber nicht geschafft haben,
den Kopf der Cäcilia abzuschlagen. Die schwer Verwundete lebt
noch drei Tage, vermacht ihr Gut den Armen, bekehrt weitere Um-
stehende und wird dann – gekrümmt, wie sie zuletzt lag – in ihrem
golddurchwirkten Gewand in einen Zypressensarg gelegt.
Papst Urban lässt sie in der Callistus-Katakombe in Rom neben den
Bischöfen bestatten und weiht ihr Haus zu einer Kirche.

Christine

24. Juli

Christiane, Christian, Chris, Christina, Kirsten, Karsten, Carsten,
Kerstin, Kristin, Kitty, Nina, Christa, Christel

Die heilige Christine lebt um das Jahr 300 in der mittelitalienischen Stadt Bolsena. Ihre Eltern hassen das Christentum, doch
Christine wird von einer Dienerin zur Christin erzogen. Als sie dies
ihren Eltern erzählt, sperrt sie ihr Vater in einen Turm auf einer
kleinen Insel mitten im See von Bolsena.

Er gibt ihr silberne und goldene Bilder und Figuren seiner Götter mit.
Zu diesen soll sie beten. Doch Christine macht die Bilder kaputt, wirft
sie in den See und schenkt das Gold armen Menschen, die mit Booten
zur Insel gerudert kommen, um mit ihr zu sprechen.

Als ihr Vater merkt, dass sie ihm immer noch nicht gehorchen will, wird er unglaublich wütend und verstößt sie als seine Tochter. Unglaublich, aber er verrät sie sogar beim Kaiser Diokletian. Der ist besonders grausam gegenüber Christen und verurteilt Christine sofort zum Tode. Man bindet ihr einen schweren Stein um den Hals und wirft sie ins Meer. Doch, so erzählt die Legende, da erscheint ein Engel, bindet den schweren Stein von ihrem Hals los und holt sie vom Grund des Meeres wieder herauf. Dann trägt er sie zurück ans Ufer.

Der Kaiser kann nicht glauben, dass Christine noch lebt. Er lässt sie wieder ergreifen und in eine Grube voller Giftschlangen werfen. Doch keine einzige Schlange will die junge Frau beißen. Jetzt lässt Diokletian sie auf einen großen Holzhaufen binden und diesen anzünden. Aber die Flammen berühren Christine nicht, sondern springen auf die umherstehenden Soldaten des Kaisers über und töten einige von diesen.

Schließlich treten auf Befehl des wütenden Diokletian seine Bogenschützen an. Christine wird an einen Pfahl gebunden, die Bogenschützen spannen ihre Bögen, zielen und auf das Kommando ihres Hauptmanns schießen sie ihre Pfeile ab. So stirbt die heilige Christine schließlich von zahlreichen Pfeilen durchbohrt.

Der Name Christine stammt aus dem Lateinischen und bedeutet einfach „die Christin".

Die heilige Christine von Bolsena ist Patronin der Müller und der Seeleute und ihr Gedenktag ist der 24. Juli.

Christophorus

24. Juli
Christoph, Christopher, Chris

Heute sind Menschen, die über zwei Meter groß sind, gar nichts Besonderes mehr. Wissenschaftler behaupten sogar, dass in 50 oder 100 Jahren fast alle Männer mindestens 1,90 Meter und alle Frauen mindestens 1,80 Meter groß sein werden. Früher waren die Leute allerdings viel kleiner. Deshalb ist Retrobus richtig aufgefallen. Retrobus lebt um das Jahr 250 im Gebiet der heutigen Türkei. Er ist mindestens 2,40 Meter groß und damit fast einen Meter größer als andere Menschen seiner Zeit. Außerdem soll er einen ganz seltsamen Kopf gehabt haben – wenn man nicht ganz genau hinsah, glaubte man einen Hundeschädel vor sich zu haben.

Die meisten Menschen haben deshalb schreckliche Angst vor Retrobus. Der wird dadurch zu einem unangenehmen Angeber. „Ich bin so stark und Furcht einflößend, dass ich nur für das stärkste und mächtigste Wesen der Welt arbeiten will", sagt sich Retrobus und sucht nach dem mächtigsten König seiner Zeit. Als er ihn endlich gefunden hat, fragt ihn Retrobus, ob er Angst vor irgendjemandem habe. Da muss der König zugeben, dass er den Teufel fürchtet. Logisch, dass Retrobus jetzt den Teufel sucht, weil er ihn für den Stärksten hält. Als Retrobus den Teufel findet, stellt er auch ihm die Frage: „Gibt es jemanden, den du fürchtest?" Und der Teufel muss zugeben, dass er vor Jesus Christus Angst habe. Also sucht Retrobus nach Jesus Christus, von dem er damals noch nicht viel weiß.

Wochenlang, monatelang, jahrelang sucht er in allen Winkeln der Welt und kommt schließlich an einen reißenden Fluss. Dort steht ein alter Mann, der Retrobus anspricht: „Mit dem ständigen Gerenne wirst du Jesus Christus nie finden. Ich schlage vor, du bleibst eine Weile hier, trägst die Menschen, die über den Fluss wollen, einfach hinüber, dann wird vielleicht auch Jesus mal hierher kommen."

Da Retrobus auch keine bessere Idee hat, macht er genau das, was ihm der alte Mann geraten hat, und trägt viele Jahre lang die Menschen auf seinen riesigen Schultern durch den gefährlichen Fluss. Eines Abends ruft ihn ein kleiner Junge und bittet, über den Fluss getragen zu werden. Da lacht der Riese Retrobus nur, packt das Kind und will mit dem Winzling schnell durch die Wellen rennen. Doch kaum ist er unterwegs, wird das Kind richtig schwer und immer schwerer. Schließlich kommt es dem Riesen vor, als würde das Kind schwerer sein als ein ganzer Berg. Er keucht und wankt vorwärts – das andere Ufer scheint immer weiter entfernt. Mit letzter Kraft kommt er schließlich dort an und bricht unter der Last des Kindes zusammen. Das Kind aber klettert von seinen Schultern herunter, lächelt den riesigen Retrobus an und sagt: „Ich bin Jesus Christus. Ich bin der, den du so lange gesucht hast. Du hast die Last der ganzen Welt getragen."

Von diesem Tag an nennt Retrobus sich „Christophorus", was „der Christusträger" bedeutet. Er zieht durch das ganze Land und verbreitet die christliche Lehre, bis ihn der römische Kaiser Decius verhaften und töten lässt.

Der Gedenktag des Christophorus ist der 24. Juli.

Er ist Patron der Autofahrer, der Reisenden und der Kinder.

Claudius

30. Oktober
Claudia, Klaudia, Claudio

Als Claudius um das Jahr 270 in Südspanien geboren wird, ist das Land von den Römern besetzt, die an ihre eigenen Götter glauben. Doch Claudius wird von seinen Eltern im christlichen Glauben erzogen. Mit 16 Jahren – in diesem Alter ist man damals schon erwachsen – tritt er zusammen mit seinen beiden Brüdern Lupercius und Victor in die römische Armee ein.

Zunächst haben die drei keine Probleme. Sie sind tapfere, ehrliche Soldaten, beliebt bei ihren Kameraden und Vorgesetzten. Alles läuft gut. Doch als im fernen Rom Kaiser Diokletian an die Macht kommt, ändert sich ihr Leben schlagartig. Bis jetzt hatte sich niemand daran gestört, dass sie Christen sind, doch plötzlich ist alles anders. Diokletian lässt das Christentum verbieten – er will, dass sein Volk und seine Soldaten wieder zu den alten Göttern beten. Doch die drei Brüder weigern sich, ihren Glauben aufzugeben. Als man ihnen droht, soll Claudius nur gelacht haben. Die Brüder wollen die Armee verlassen, was ihnen aber verboten wird. Man lässt ihnen nur die Wahl zwischen der Aufgabe ihres Glaubens und dem Tod. Und da sie nicht vom Glauben an Jesus lassen wollen, werden sie schließlich im Jahr 303 in der spanischen Stadt Leon hingerichtet.

Die Benediktinerabtei St. Claudius in Galicien, eines der ältesten Benediktinerklöster in Spanien, ist nach Claudius benannt.

Damian

26. September

Damien, Damiana, Damiano, Demian, Demien

Die Brüder Kosmas und Damian sind Ärzte, sie wurden etwa im Jahr 250 geboren. Mediziner ist damals ein ziemlich schwieriger und gefährlicher Beruf, denn es gibt noch längst nicht so viele Medikamente wie heute, und manche Krankheiten sind überhaupt noch nicht erforscht. Die Menschen wissen damals nicht einmal von der Existenz von Bakterien oder Viren, sodass viele Ärzte sich bei ihren Patienten anstecken und an deren Krankheiten sterben. Damian ist eher eine Art Chirurg, der gebrochene Knochen schient, Gelenke wieder einrenkt oder Wunden säubert und näht.

Beide Brüder glauben an Jesus und fühlen sich der Nächstenliebe
verpflichtet. Deshalb behandeln sie die Kranken oft kostenlos,
erzählen ihnen dabei von den Wundertaten Jesu und bekehren
dadurch viele zum Christentum. Über Damians Arbeit gibt es viele
Legenden. Eine erzählt, dass die Brüder einem schlafenden Kranken
ein schwer verletztes Bein abgenommen und ihm ein gesundes an-
gesetzt haben, das Damian einem gerade gestorbenen Menschen
abgenommen hatte. Dabei soll ihnen ein Engel geholfen haben.
Später sind auch die beiden Brüder Opfer der Christenverfolgung
geworden und wurden von Anhängern des römischen Kaisers
Diokletian enthauptet. Sie starben ungefähr im Jahr 303.
Damian und Kosmas wurden früher sehr verehrt. Papst Felix IV. er-
richtete um 530 eine Kirche in Rom, die ihren Namen trug. Im 9. Jahr-
hundert brachte Bischof Altfried von Hildesheim ihre Reliquien nach
Essen.
Damians Gedenktag ist der 26. September – er und sein Bruder
gelten als Patrone der Städte Essen und Florenz; außerdem der
Ammen, Ärzte, Chirurgen, Zahnärzte, Apotheker, Drogisten,
Friseure, Zuckerbäcker und Physiker. Sie werden angerufen gegen
Epidemien, Geschwüre und Pferdekrankheiten.

Daniel

21. Juli
Daniela, Daniele, Danilo, Dana, Dania, Danila, Dan, Nelly

Daniel ist ein äußerst gut aussehender und kluger junger Mann, der ungefähr 600 Jahre vor Christi Geburt in einem Land namens Juda geboren wird. Seine Eltern sind reiche Kaufleute, die Wert auf eine gute Erziehung ihres Sohnes legen und ihn im Glauben an den einen Gott Israels unterrichten lassen. Daniel macht gerne lange einsame Wanderungen durchs Land – einfach, um sich die Gegend und die Menschen anzuschauen.

Auf einem dieser Streifzüge fällt der 14-jährige Junge einem Trupp bewaffneter Männer in die Hände. Diese entführen ihn, um ihn als Sklaven zu verkaufen. Ein so gut erzogener Mann mit einem so freundlichen Gesicht werde sicher eine Menge Geld einbringen, glauben sie. Und werden Recht behalten, denn als sie in ihre Heimat Mesopotamien, dem heutigen Irak, kommen, hört der damals regierende König Nebukadnezar von Daniel und lässt ihn kaufen. Der Junge soll als Pferdeknecht für einen seiner Söhne arbeiten. Aber nach einer Weile bemerkt man auch am Königshof, dass es sich bei Daniel um einen außergewöhnlichen Jungen handelte. Er kann Träume deuten, macht immer zutreffende Voraussagungen und gibt stets kluge Ratschläge.

Der König ist ihm wohl gesinnt. Nur eines gefällt ihm überhaupt nicht: dass Daniel weiterhin seinen Glauben praktiziert und mit Nebukadnezars Göttern absolut nichts zu tun haben will.

Also befiehlt er, dass auch Daniel die babylonischen Götterbilder anzubeten habe.Doch Daniel weigert sich standhaft. Der zornige König
lässt ihn daraufhin zusammen mit zwei seiner Freunde in einen glü-
henden Feuerofen werfen. Doch unglaublich: Den dreien passiert
absolut nichts. Im Gegenteil – sie fangen auch noch an zu singen. Als
der König dies sieht, ist er total beeindruckt, schwört selbst seinen
Göttern ab und lässt sich von Daniel in seinem Glauben unterrichten.
So vergehen glückliche Jahre. Doch dann wird Darius König von
Mesopotamien. Auch er will Daniel, der bei den Bürgern mittlerweile
unglaublich bekannt und beliebt ist, vom Gott Israels abbringen.
Natürlich weigert sich dieser erneut – worüber auch Darius sehr böse
wird. Er lässt Daniel in eine Grube mit hungrigen Löwen werfen, doch
wieder passiert eine Riesenüberraschung. Denn statt Daniel zu zer-
fleischen, lassen sich die Löwen von ihm kraulen, und einer legt ihm
sogar den gewaltigen Kopf in den Schoß. Da gibt auch Darius auf
und lässt Daniel von nun an in Ruhe. Daniel führt als einer der klügsten und beliebtesten Männer des ganzen
Reiches ein sehr schönes und langes Leben.
Von Daniel erzählt in der Bibel übrigens ein
eigenes Buch, in dem seine Voraussagen
und Visionen aufgeschrieben sind.
Der Name „Daniel" kommt aus dem
Hebräischen und bedeutet „Gott ist der
Richter".
Der Gedenktag ist der 21. Juli.
Daniel gilt als Patron der Berg-
leute.

David

29. Dezember
David, Dave

Kein Mensch hätte je geglaubt, dass David einmal König der Juden und Gründer der Stadt Jerusalem werden würde. Und dass Josef, der Ziehvater von Jesus Christus, einer seiner Nachkommen sein würde. Denn der Junge, der ungefähr 1000 Jahre vor Christi Geburt lebt, ist so klein und schwächlich, dass seine Eltern ihm nur die Arbeit als Schafhirte zutrauen, weil sie glauben, dass er mit schwereren Arbeiten überfordert sei.

Es sind ziemlich unruhige Zeiten damals, von denen David aber nur wenig mitbekommt, weil seine Eltern und die sieben Brüder allen Ärger von ihm fern halten. Die Israeliten sind damals ein kleines Volk. Und als sich ein riesiges Heer der kriegerischen Philister dem Lager der Israeliten nähert, scheint ein Krieg unausweichlich zu sein. Doch die Philister lassen sich erst einmal Zeit, bevor sie mit dem scheinbar einfachen Kampf beginnen. Erst mal schicken sie einen Riesen namens Goliath vor. Der ist weit über zwei Meter groß, für die damalige Zeit unvorstellbar gigantisch. Der Riese stapft jeden Morgen zum Lager der Juden, verspottet die Männer und ihren jüdischen Gott und verspricht: „Wenn einer von euch mit mir kämpft und mich besiegt, dann lassen wir euch alle laufen."
Als der kleine David eines Tages seine Brüder im Lager besucht, hört auch er Goliaths wüste Beleidigungen und wird so sauer, dass er beschließt, mit Goliath zu kämpfen. Als er seinen Brüdern und

den anderen Kriegern seinen Plan verrät, wird er nur ausgelacht.
Ausgerechnet David, der kleine Schwächling, will mit dem Riesen
kämpfen! David bleibt stur und beharrlich und verlangt eine
Rüstung. Doch so kleine Rüstungen gibt es gar nicht. David macht
sich seine Gedanken, nimmt schließlich eine selbst gebastelte
Schleuder und ein paar Kieselsteine und geht dem Riesen entgegen. Der Riese will sich beinahe ausschütten vor Lachen, als er
den „Winzling" sieht.

Doch wer zuletzt lacht … David lässt seine Schleuder kreisen, trifft Goliath mit einem Stein genau zwischen die Augen und der riesige Kerl fällt zu Boden. Da springt David schnell herbei, ergreift die Keule des Riesen und schlägt sie ihm kräftig ein-, zweimal über den Kopf. Jetzt ist der Riese Goliath tot.

Die Israeliten jubeln und die Philister bekommen es mit der Angst zu tun. Wenn schon die Kleinsten so stark sind, welche Chancen haben sie dann gegen die erwachsenen Krieger Israels? Und das riesige Heer der Philister ergreift schleunigst die Flucht.

Durch diesen Sieg wird der kleine David zum Helden. Einige Jahre später machen die Israeliten ihren Volkshelden sogar zu ihrem

König. Aus seiner Sippe geht später der Messias Jesus Christus hervor. Deshalb nennt man Jesus auch „Sohn Davids".

Übrigens ist David auch ein sehr begabter Dichter, der viele Psalmen zur Ehre Gottes niederschrieb. David ist Patron der Sänger, Musiker, Dichter und Bergleute.

Sein Gedenktag ist der 29. Dezember.

Diana

10. Juni

Der Name Diana ist schon über 3000 Jahre alt und erinnert an eine heidnische Gottheit. Diana wurde schon früh von den Römern als Göttin der Jagd verehrt.

Allerdings gibt es im 13. Jahrhundert auch eine kluge Christin namens Diana, von der hier die Rede sein soll. Diese Diana Andalo lebt in Norditalien und gründet in der Nähe von Bologna das Agneskloster. Weil sie mit dem berühmten Jordan von Sachsen, einem klugen und einflussreichen Dominikaner, eng befreundet ist, führt sie in ihrem Kloster die Regel der Dominikaner ein. Die fromme Klosteroberin, die vor allem für ihre Freundlichkeit gegenüber allen Menschen und ihre Bescheidenheit bekannt wird, stirbt am 10. Juni 1236 in Bologna. Die ganze Stadt trauert um sie und verehrt sie schon bald als Heilige. Ihrem Sarg sollen viele Tausende weinende Menschen zum Friedhof gefolgt sein. Ihr Todestag ist auch ihr Gedenktag.

Dietmar

28. September

Tim, Thiemo, Thimo, Timo, Timotheus, Timon

Dietmar von Salzburg ist zunächst Mönch und wird später Abt im berühmten Kloster St. Peter in Salzburg. Von sich und den Mönchen verlangt er ein äußerst bescheidenes und ärmliches Leben, doch dazu sind viele seiner Mitbrüder damals einfach nicht bereit. Sie leben lieber im Luxus und kümmern sich nicht um die Armen. Statt auf Dietmar zu hören, vertreiben sie ihren gewissenhaften, aber unbequemen Abt.

Dietmar zieht sich zurück. Später macht ihn der Papst zum Bischof von Salzburg. Aber er ist in diesem Amt überhaupt nicht glücklich. Erst gerät er in einen Streit zwischen dem Papst und dem Kaiser, wird von seinem Feind, dem Bischof von Moosburg, heimtückisch überfallen und gefangen genommen und muss dann bei Nacht und Nebel aus seiner Heimat fliehen.

Um Gott besser dienen zu können, nimmt er nun an einem Kreuzzug nach Jerusalem teil. Als einfacher Ritter tritt er ins Heer der Kreuzritter ein, um das Grab Christi und die heilige Stadt Jerusalem von den heidnischen Muselmanen zu befreien. Wie viele andere Kreuzritter ist er aber wenig geübt im Kampf mit den schnellen Truppen des Sultans auf ihren kleinen wendigen Pferden. Am 28. September 1102 wird er in einer Schlacht getötet.

Der 28. September ist deshalb auch sein Gedenktag. Dietmar ist der Patron der Bildhauer, Erzgießer, Zimmerleute und Maurer.

Dietrich Bonhoeffer

9. April
Dieter, Dirk, Thilo, Till

Dietrich Bonhoeffer ist zwar kein anerkannter Heiliger, kann aber für uns alle ein großes Vorbild sein. Der evangelische Theologe setzte sich ganz besonders für die Einheit der Christen (die Ökumene) und die Völkerverständigung ein. Dietrich Bonhoeffer wurde mit 39 Jahren von den Nazis ermordet.

Am 4. Februar 1906 wird Dietrich Bonhoeffer als sechstes von acht Kindern in Breslau, im heutigen Polen, geboren. Schon bald zieht die ganze Familie nach Berlin, wo Vater Karl Bonhoeffer als Arzt und Psychologe bekannt und hoch geschätzt wird.

Dietrichs Mutter Paula stammt aus einer adeligen Familie und führt in Berlin ein gastfreundliches Haus, in dem viele weltoffene Menschen aus allen möglichen Ländern ein und aus gehen. Die Mutter unterrichtet ihre Kinder zunächst selbst und erzieht sie zu kritischem Denken. Schon als Junge beschäftigt sich Dietrich gern mit Religion, obwohl der Glaube im Hause Bonhoeffer gar keine so große Rolle gespielt hatte. Später studiert der junge Mann Theologie und reist durch verschiedene Länder, um zu lehren, aber auch um neue Erfahrungen zu sammeln. Ganz besonders hat ihn ein Studienaufenthalt in New York geprägt. Tief beeindruckt erlebt er hier, wie sich die Kirche den Armen widmet. Der Sohn aus gutbürgerlichem Hause verbringt viel Zeit in den schwarzen Kirchengemeinden Harlems, dem ärmsten Viertel New Yorks.

Zurück in Deutschland, arbeitet Dietrich Bonhoeffer zunächst in Berlin als Hochschullehrer und Studenten- und Jugendpfarrer, bis in Deutschland die schrecklichen Zeiten unter Adolf Hitler und den Nationalsozialisten anbrechen. Von Anfang an kämpft der unerschrockene Theologe mutig gegen dieses Unrechtssystem, zunächst öffentlich, später aus dem Untergrund heraus. Damit ist er den Nazis natürlich ein Dorn im Auge. Für sie ist er ein Staatsfeind. Sie entziehen ihm die Lehrerlaubnis und schließen das von ihm aufgebaute Predigerseminar.

Als es immer gefährlicher für ihn wird, drängen ihn Freunde zur Auswanderung nach Amerika. Er findet ein herzliches Willkommen und eine Bleibe bei seinen New Yorker Freunden. Doch Bonhoeffer hält es nicht lange dort. Er ist viel zu besorgt um die Menschen, die er im fernen Deutschland zurückgelassen hat. Nach wenigen Tagen macht er sich auf die Rückreise und trifft unmittelbar vor dem Ausbruch des Zweiten Weltkriegs in Berlin ein. Er hat eine Entscheidung getroffen und ordnet seine persönliche Sicherheit ganz bewusst dem Kampf gegen die Nazis unter, ist auch bereit, dafür zu sterben.

Mehrere Attentatsversuche auf Hitler misslingen, die Verschwörer werden enttarnt und inhaftiert. Auch Bonhoeffer ist dabei. Dieser nutzt die Zeit im Gefängnis zum Schreiben von Briefen und Gedichten, mit denen er seiner Familie Mut machen will. Diese Gedichte Bonhoeffers sind auch heute noch für viele Menschen Trost in schweren Zeiten. Am 9. April 1945 wird der mutige Theologe und Widerstandskämpfer hingerichtet, auf ausdrücklichen Befehl von Adolf Hitler persönlich!

Sein Todestag ist auch sein Gedenktag, der 9. April. Sein vielleicht berühmtestes Gedicht, das er wenige Wochen vor seinem Tod in seiner Gefängniszelle geschrieben hat, beginnt so:

„Von guten Mächten wunderbar geborgen,
erwarten wir getrost, was kommen mag,
Gott ist mit uns am Abend und am Morgen
und ganz gewiss an jedem neuen Tag."

Dietrich Bonhoeffer, Weihnachten 1944

Dionysius

9. Oktober
Dennis, Denise, Denis

Der Name Dennis ist eine Kurzform des griechischen Götternamens Dionysius. Auch viele berühmte Christen trugen diesen Namen. Der wahrscheinlich berühmteste ist der heilige Dionysius von Paris. Dieser ist ein römischer Bischof, der von Papst Fabian zusammen mit sechs anderen Bischöfen ins wilde Gallien (heute Frankreich) geschickt wird, um die Heiden zum Christentum zu bekehren. Keine leichte Aufgabe. Dionysius reist von Dorf zu Dorf, von Stadt zu Stadt. Weil er ein ausgezeichneter Prediger ist, hören ihm die Menschen zu, sind begeistert und lassen sich von ihm taufen.
In einem Ort namens Lutetia Parisiorum, dem heutigen Paris, wird Dionysius von Römern hingerichtet.
Die Legende erzählt darüber fast Unglaubliches. Bei seiner Enthauptung passiert ein echtes Wunder. Die Christenverfolger schlagen Dionysius den Kopf ab, können ihn aber nicht töten. Der heute als Heiliger verehrte Bischof steht nach seiner Enthauptung ruhig auf, nimmt seinen Kopf und geht damit direkt zu seiner Begräbnisstätte, die als „Saint Denis" bekannt ist. Dort steht heute eine der berühmtesten Kirchen Frankreichs, die Dionysius geweiht ist.
Sein Gedenktag ist der 9. Oktober. Wann genau Dionysius gelebt hat, wissen wir nicht, nur dass er nach 250 gestorben ist.
Er ist der Patron der Schützen und einer der 14 Nothelfer.
Sein Name bedeutet „der Gottgeweihte".

Dominikus

8. August
Dominik, Dominique

Wenn man heute in alten Büchern stöbert, fällt einem auf, dass Mönche in der Vergangenheit fast immer aus armen Familien stammen. Die armen Eltern wussten oft nicht, wie sie ihre vielen Kinder ernähren sollten, und gaben sie deshalb in die Obhut eines Klosters.

Ganz anders verhält es sich aber mit Dominikus. Er wird im Jahr 1170 in der Region Kastilien in Spanien geboren. Seine Eltern sind reiche Adelige, die ein großes, prächtiges Schloss und riesige Ländereien besitzen. Unzählige Diener und Dienerinnen kümmern sich um die Familie, und dem kleinen Dominik wird jeder Wunsch von den Augen abgelesen.

Der Junge ist aber ein ganz besonderes Kind. Denn während manche Reiche wegschauen, wenn es den einfachen Menschen schlecht geht, hält Dominik seine Augen immer weit offen. So erlebt er eines Tages während einer großen Hungersnot, die in ganz Spanien herrscht, dass auch die Menschen in der Nähe seines Schlosses Not leiden. Aber er ist zu stolz, um seinen Vater um Geld zu bitten. Deshalb packt er alle seine Bücher in eine große Tasche (und er hat wirklich sehr viele Bücher, und Bücher sind damals eine kostbare Sache), schleppt diese in eine nahe Stadt und verkauft sie dort an einen reichen Kaufmann. Von dem Geld kauft er Lebensmittel, die er an die hungernden Menschen verteilt.

Später wird Dominikus als herausragender Prediger vor allem in Südfrankreich berühmt. Dort gründet er eine Gemeinschaft von Predigern, die sich zu Armut und Bescheidenheit verpflichten. Dieser Orden, der nach den Regeln der Augustiner lebt, nennt sich „Dominikaner". Dank der Fähigkeit der Dominikaner, mitreißend zu predigen und Menschen für Gott zu begeistern, finden viele Arme und von der Kirche Enttäuschte in Frankreich zum Glauben zurück. Doch nicht nur in Frankreich wird Dominikus berühmt. Seine Prediger kommen auf ihren Missionsreisen bis nach England, Ungarn, Skandinavien und Deutschland.

Dominikus stirbt am 6. August 1221 in der italienischen Stadt Bologna, wo er auch begraben liegt. Sein Gedenktag ist allerdings nicht der 6., sondern der 8. August. Er ist der Patron der Schneider und Näherinnen und wird um Hilfe gegen Fieber angerufen.

Edith Stein

9. August

Edda, Editha

Edith Stein wird 1891 in Breslau als Tochter jüdischer Holzhändler geboren. Obwohl ihre Eltern sie streng im jüdischen Glauben erziehen, wendet sich das Mädchen zunächst von der Religion ab. Als junge Frau studiert sie Philosophie in Breslau und Göttingen und legt sogar die Doktorprüfung ab. Nachdem Edith vom Leben der großen heiligen Theresia von Avila gelesen hat, tritt sie zum katholischen Glauben über und sucht sich einen neuen Namen aus: Sie nennt sich „Theresia Benedicta a Cruce", was auf Deutsch bedeutet: Theresia, die vom Kreuz gesegnet wurde.

Edith Stein tritt 1933 dem Karmelkloster in Köln bei und führt fortan das Leben einer Nonne. Zuvor hatte sie als Lehrerin und sogar als Professorin in Speyer und München gearbeitet. Sie setzt sich vor allem dafür ein, dass Frauen die gleichen Bildungsmöglichkeiten wie Männer bekommen. Dadurch ist sie vor allem den neuen Regierenden, den Nazis, ein Dorn im Auge. Weil sie jüdischer Abstammung ist, wird sie bald darauf verhaftet und im Konzentrationslager Auschwitz umgebracht. Ihr Todestag ist der 9. August 1942 und der 9. August ist auch ihr Gedenktag. Edith Stein wurde 1987 von Papst Johannes Paul II. selig gesprochen.

Elisabeth

19. November

Alice, Bella, Bettina, Betty, Elise, Elke, Ella, Elsa, Elsbeth, Ilse,
Isabella, Isabelle, Laila, Lea, Leila, Lilly, Lisa, Lisbeth, Lise,
Liselotte, Lissy, Lizzy, Luise, Sissi

Gerade einmal fünf Jahre alt ist die kleine Prinzessin Elisabeth, als sie im Jahr 1209 aus ihrer Heimat Ungarn nach Thüringen auf die Wartburg gebracht wird.

Dort wird sie mit dem damals auch erst 10-jährigen Ludwig von Thüringen verlobt. Zusammen werden die beiden Kinder erzogen, wachsen fröhlich und unbekümmert auf. Elisabeth lernt im Spiel die ihr fremde Sprache, lernt tanzen, reiten und das vornehme

Leben bei Hofe. Und als sie 16 Jahre alt ist, heiraten die beiden. Das ist damals gar nicht ungewöhnlich – mit 16 Jahren gelten junge Menschen als erwachsen.

Elisabeth und Ludwig sind ein wunderbares Paar. Obwohl die beiden sehr verschieden sind, lieben sie sich sehr. Es gibt nur ein Problem für sie: Elisabeth mag das ausschweifende Leben in Saus und Braus der Reichen bei Hofe nicht. Dazu weiß sie zu viel über die Armut der einfachen Menschen, mit denen sie viel lieber zusammen ist. Ludwig, ihren Mann, stört das gar nicht, es gibt ja genug zu essen und zu trinken. Soll seine kleine Elisabeth doch ruhig ihre Armen mit versorgen. Aber ganz anders reagiert die Verwandtschaft. Vor allem Ludwigs Mutter Sophie ist entsetzt darüber, dass Elisabeth viel Geld den Armen schenkt, dass sie ohne Schmuck in die Kirche geht und dass sie eines Tages – es herrschte im ganzen Land eine furchtbare Hungersnot – die Kornspeicher öffnen lässt und die Vorräte des Landgrafen von Thüringen unter den Armen verteilt.

Vor allem wenn Ludwig auf Reisen ist, hat es Elisabeth schwer. Die Verwandtschaft kontrolliert sie auf Schritt und Tritt und will verhindern, dass die junge Frau sich zu sehr mit den Bürgern und Bauern anfreundet. Doch immer wieder schafft es Elisabeth, hinter dem Rücken ihrer Schwiegermutter und ihres Schwagers für die Armen zu sorgen. Einmal soll ihr sogar ein Wunder geholfen haben, so erzählt es eine alte Legende. Elisabeth ist gerade von der Wartburg aus mit einer Schürze voll Brot unter einem Tuch versteckt unterwegs zu den Armen in der Stadt. Da prescht ihr der bitterböse Schwager mit einem Pferd entgegen. Voller Angst drückt Elisabeth das Brot fest an sich. Aber schon reißt ihr der Schwager das Tuch herunter. Und was sieht er in der Schürze? Lauter rote Rosen. Elisabeths Geschichte hat leider kein Happyend. Ihr geliebter Mann Ludwig stirbt schon im Alter von 26 Jahren und als 21-Jährige wird

Elisabeth damit zur Witwe. Ihre hasserfüllten Verwandten jagen sie mitten im Winter mitsamt ihren drei kleinen Kindern von der Wartburg. Zum Glück setzt sich aber ihr Beichtvater für sie ein, verschafft Elisabeth und ihren Kindern erst mal ein Dach über dem Kopf und zu essen und zu trinken. Sonst wären sie wohl verhungert oder erfroren. Und weil dieser Mönch beharrlich für die Rechte seines Schützlings kämpft und keine Ruhe lässt, zahlt ihr Ludwigs jüngerer Bruder schließlich zähneknirschend eine kleine Abfindung aus.

Typisch Elisabeth! Das Geld, das sie eigentlich dringend für sich selber bräuchte, rührt sie nicht an. Nein, sie baut damit in der Stadt Marburg ein Krankenhaus. Ohne Rücksicht auf ihre eigene Gesundheit pflegt sie darin Kranke und Sterbende. Da man damals noch nichts von Viren, Bakterien und ansteckenden Krankheiten weiß, infiziert sie sich leider selbst, wird schwer krank und stirbt im Alter von nur 24 Jahren. Am 19. November 1231 wird sie im Innenhof des von ihr gegründeten Krankenhauses begraben. Unendlich viele Menschen, denen sie Gutes getan hatte, weinen an ihrem Grab. Schon vier Jahre später spricht Papst Gregor IX. Elisabeth heilig und lässt ihr zu Ehren in Marburg eine wunderschöne Kirche errichten, die man heute noch besichtigen kann. In der Elisabethkirche ist sie auch begraben, in einem Schrein, der über und über mit Edelsteinen besetzt ist.

Elisabeths Gedenktag ist der 19. November.

Sie ist die Patronin der Hilfsorganisation Caritas, der Witwen, der Bettler und der Bäcker. Der Name Elisabeth stammt übrigens aus dem Hebräischen und bedeutet „die, die Gott verehrt" oder auch „Gott ist vollkommen".

Emma

31. Januar

Alma, Amalia, Amelia, Amelie, Amely, Amy, Amanda, Emmanuela,
Emanuela, Emmi, Emilia, Emily, Emmy, Wilhelma, Wilhelmine

Emma, die Tochter des bayerischen Grafen Welf, heiratet 827 König Ludwig den Deutschen. Die beiden werden Eltern von sieben Kindern, denen Emma vor allem eines beibringt: Nächstenliebe. Und die Mutter ist ihren Kindern das beste Beispiel. Sie selbst ist eine vermögende Frau und kümmert sich neben ihren Verpflichtungen unermüdlich um Arme und Bedürftige.

Eine besondere Geschichte ist uns durch die Überlieferung erhalten geblieben, die zeigt, was für eine Frau Emma ist. Eines Tages ist Besuch angesagt bei Emma und Ludwig, ein Bruder ihres Mannes. Dieser Bruder ist ein übler Bursche, ein richtiger Raufbold. Sein größtes Vergnügen sind wilde Jagden und schlimme Raufereien. Das mag Emma gar nicht. Dennoch macht Emma zusammen mit diesem Egbert einen kleinen Ausritt. Dabei kommen sie durch ein Dorf und begegnen einem Buben, der einen Esel führt. Als Egbert mit seinem Pferd herangaloppiert, reißt sich der Esel vor Schreck vom Strick los und rennt quer vor den beiden Pferden her über den schmalen Weg. Egberts Pferd scheut, wirft seinen Reiter ab und der landet ausgerechnet direkt auf dem kleinen Buben. Sofort springt Emma vom Pferd, zieht den kleinen Jungen unter dem schweren Ritter hervor und trägt ihn in das nächste Haus.

Und sie ordnet an, man möge sich um seine Verletzungen kümmern.

Als sie zurückkommt, beschwert sich ihr Schwager, der mit dem Schrecken davongekommen ist, dass sie sich gar nicht um ihren eigenen Verwandten gesorgt habe. Da lacht ihn Emma lauthals aus und ruft: „Du fürstlicher Nichtsnutz bist auf einem kleinen Buben gelandet, der für die Welt sicherlich wertvoller ist als du. Ich habe nur dem Wertvolleren geholfen – egal, welchen Standes er ist." Schließlich muss auch Egbert lachen, kehrt um und gibt den Eltern des Buben alles Geld, das er bei sich hat, mit den Worten: „Hier – kümmert euch damit um jemanden, der wertvoller ist als ich."

Emma stirbt am 31. Januar 876. Ihr Grabmal im Kloster St. Emmeram in Regensburg gilt heute als ein bedeutendes Denkmal des 13. Jahrhunderts. Der Name Emma ist eine Koseform vom althochdeutschen Wilhelma und das wiederum bedeutet so viel wie „Helm und Schutz".

Erik

18. Mai
Eric, Erich, Erika

König Erik IX. regiert im 12. Jahrhundert in Schweden. Er ist ein ungewöhnlicher Herrscher, der für seine Nächstenliebe und Gerechtigkeit berühmt wird. Anders als viele Herrscher in damaliger Zeit verlangt er von seinen Untertanen keine Steuern und Abgaben, sondern lebt friedlich und zufrieden vom väterlichen Erbe, baut davon noch etliche Kirchen und verteilt großzügig Geld unter Menschen, die unverschuldet in Not geraten sind.

Eines aber bereitet Erik große Sorge: dass immer wieder seine Landesnachbarn, die heidnischen Finnen, in sein Land einfallen, ganze Dörfer plündern und niederbrennen. Alle friedlichen Vermittlungsversuche haben keinen Erfolg.

Also rüstet Erik einen Kreuzzug aus und marschiert mit seinem Heer in Finnland ein. Nicht um das kriegerische Volk zu unterwerfen, nein, er versucht, die Bewohner zum Christentum zu bekehren. Damit ist der friedliche Schwedenkönig zwar nur leidlich erfolgreich, aber immerhin haben die Finnen jetzt so viel Respekt, dass sie die Schweden in Ruhe lassen.

Dafür zettelt Magnus, der Sohn des Dänenkönigs, eine Verschwörung in Schweden an. Er will selbst dort König werden. Es kommt zum Kampf, bei dem Erik am 18. Mai des Jahres 1160 fällt. Die Schlacht fand in der Nähe der schwedischen Stadt Uppsala statt, wo Erik auch im Dom begraben liegt.

Erik von Schweden hat seinen Gedenktag am 18. Mai. Doch manche Menschen feiern ihn auch am 10. Juli, weil an diesem Tag mit Knud von Dänemark und Olaf von Norwegen zwei weitere Heilige aus dem hohen Norden ihren Gedenktag haben. Erik ist der Nationalheilige von Schweden.

Eva

24. Dezember

Elvira, Eve, Evi, Eveline, Evelin, Evelyn, Evita, Eva-Maria

Der 24. Dezember ist gleich in zweifacher Hinsicht ein Feiertag. Zum einen feiert die Christenheit die Geburt Jesu Christi, zum anderen aber auch die Erschaffung der Ureltern Adam und Eva. Die Bibel erzählt uns von beiden Ereignissen. Im Alten Testament steht, wie Gott in sieben Tagen die Erde erschaffen hat, die Meere und Flüsse, Wüsten und Berge, Pflanzen und Tiere. Und er hat seine Freude daran. Die Vollendung seiner Schöpfung aber soll der Mensch sein. Also erschafft Gott den Menschen und setzt Adam in sein wunderschönes Paradies. Jetzt scheint alles perfekt zu sein. Aber Adam fühlt sich einsam, so ganz allein in Gottes schönem Garten. Er sehnt sich nach einer Gefährtin. Da gibt ihm Gott mit Eva eine Frau an die Seite und die beiden sind sehr glücklich. Sie versprechen Gott, ihm zu gehorchen und sich immer an seine Regeln zu halten.

Eine dieser Regeln lautet, dass die beiden nicht die Früchte eines ganz bestimmten Baumes essen dürfen. Doch Eva, die damals noch genau wie Adam mit den Tieren sprechen kann, lässt sich von einer heimtückischen Schlange überreden, doch eine Frucht von diesem Baum zu pflücken. Sie beißt hinein und gibt auch Adam ein Stück ab. Und damit ist es passiert, die beiden haben ihr Versprechen gebrochen und Gott verärgert. Der will sie nicht mehr in seiner Nähe haben und schickt sie zur Strafe aus dem Paradies hinaus.

Die beiden müssen von nun an auf der Erde hart arbeiten, um zu überleben. Schließlich aber verzeiht ihnen Gott und schenkt ihnen viele Kinder.

Adam und Eva sind die Patrone der Gärtner und Schneider. Der Name Eva stammt aus dem Hebräischen und bedeutet „Mutter allen Lebens".

Fabian

20. Januar
Fabia, Fabiola, Fabio

Fabian ist von 236 bis 250 Papst in Rom. Vor seiner Wahl soll sich eine Taube auf seinen Kopf gesetzt haben. Dies wurde als göttliches Zeichen gewertet und man wählte Fabian, der nicht einmal ein Priester war. Als eines der ersten Oberhäupter der Kirche kümmert er sich um deren Organisation.

So teilt er die christliche Gemeinde Roms in sieben Bezirke auf, die jeweils von einem selbstständigen Diakon geleitet werden.

Während Fabians Amtszeit kommt es zu einer großen Verfolgungsjagd auf die Christen. Der grausame Kaiser Decius tut als weltlicher Herrscher Roms alles, um die Christen von ihrem Glauben abzubringen. Auch Fabian wird angezeigt und von den Soldaten des Kaisers aufgefordert, die alten römischen Götter anzubeten.

Fabian weigert sich standhaft und steht mutig zu seinem Glauben. Diese Treue muss er mit seinem Leben bezahlen: Am 20. Januar 250 wird er hingerichtet. Seine Freunde begraben seinen Leichnam tief unter der Stadt in den Katakomben, der Totenstadt, wo der Sarg erst im Jahr 1915 zufällig entdeckt wird.

Fabians Gedenktag ist der 20. Januar.

Er ist Patron der Töpfer und Zinngießer.

Felix

14. Januar und 18. Mai
Felicitas, Felizitas, Felicia

Der Name Felix bedeutet „der Glückliche". Doch ob Felix von Nola wirklich immer glücklich war? Er wird im dritten Jahrhundert in der Stadt Nola als Sohn wohlhabender Eltern geboren. Als Mutter und Vater viel zu früh und kurz hintereinander sterben, überlegt der reiche junge Mann lange, was er mit sich und seinem Leben anfangen will. Seine Freunde raten ihm, einfach nichts zu tun und das Leben zu genießen. Aber irgendwie scheint ihm das nicht richtig zu sein. Stattdessen nimmt er eines Tages sein ganzes Geld, seinen Schmuck, die wertvollen Gemälde und das teure Besteck, lädt alles auf einen Eselskarren und lenkt diesen in das Armenviertel seiner Stadt. Dort geht er in die Häuser der Ärmsten und Bedürftigsten – besonders dorthin, wo viele Kinder sind – und schenkt ihnen seinen Besitz.

Später lässt sich Felix zum Priester weihen. Damit kommt auch Felix, wie viele andere Christen, in die Fänge des schlimmen Christenverfolgers Kaiser Decius. Dieser verurteilt den beliebten Priester Felix zum Tode. Doch Felix kann fliehen und rettet sogar noch seinen Freund, den Bischof von Nola, vor den Verfolgern. Die beiden verstecken sich in den Bergen, in Höhlen, ausgetrockneten Brunnen und abgelegenen Schluchten.

Eines Tages schaffen sie es gerade noch, sich vor einem Trupp Soldaten in eine Höhle zu retten. Doch der Eingang ist offen und die

Flüchtenden fürchten, dass der Spähtrupp sie findet. Kaum zu glauben: Da krabbeln plötzlich ein gutes Dutzend Spinnen aus dem Inneren der Höhle nach vorne und weben innerhalb von Sekunden ein so dichtes Netz vor den Eingang, dass die Soldaten die Höhle nicht entdecken.

Als Decius im Jahr 251 stirbt und der neue Kaiser die Christen in Ruhe lässt, kehren Felix und der Bischof nach Nola zurück. Der Bischof ist Felix so dankbar für seine Rettung, dass er ihm sein Amt anbietet, doch Felix lehnt dankend ab: Er will lieber einfacher Priester bleiben. Felix von Nola stirbt etwa im Jahr 260. Sein Gedenktag ist der 14. Januar.

Ein anderer berühmter Felix ist auch Felix von Cantalice, der als „Bruder Deo gratias" (Bruder Dank sei Gott) in die Geschichte einging. Dieser Felix lebt im 16. Jahrhundert in Rom und ist ein Kapuzinermönch. Über 40 Jahre lang sammelt er Almosen für die Armen. Und stets bedankt er sich mit dem Satz „Deo gratias" (Dank sei Gott) bei den Spendern. Es wird die schöne Geschichte erzählt, dass ihm die Gottesmutter Maria erschienen sein soll. Aus Dankbarkeit legte sie ihm das Jesuskind in seine Arme. Deshalb gibt es Bilder von ihm mit dem Jesuskind auf dem Arm. Er wird 1712 heilig gesprochen – sein Gedenktag ist der 18. Mai.

Florian

4. Mai
Flora

Der heilige Florian lebt um das Jahr 190 herum im heutigen Oberösterreich, das damals – wie ein großer Teil des übrigen Europas auch – zum römischen Reich gehört. Florian ist ein kluger Kopf und macht eine Karriere, die ihn zu einem der höchsten Beamten des römischen Regierungschefs Aquilinus aufsteigen lässt. Was niemand ahnt: Florian ist ein Christ und Christen werden in dieser Zeit von den Römern erbarmungslos verfolgt. Florian aber will den verfolgten Christen in seiner Heimat helfen.

Eines Tages finden die römischen Soldaten in einem kleinen Dorf eine versteckte Kirche. Sie nehmen die dort betenden 40 Männer, Frauen und Kinder gefangen. Diese sollen grausam getötet werden. Als Florian dies erfährt, versucht er alles, um die Gefangenen zu retten. Er fälscht sogar einen schriftlichen Befehl, sodass dieser wie ein Schreiben des Aquilinus aussieht.

Doch der Schwindel fliegt auf und Florian muss zugeben, dass auch er Christ ist. Der Christenverfolger Aquilinus wird daraufhin unglaublich zornig. „Du hast mich jahrelang getäuscht und betrogen", schreit er Florian an und lässt ihn in eine kalte, nasse Gefängniszelle werfen. Dort wird er gefoltert und Aquilinus verlangt von ihm, den christlichen Glauben aufzugeben. Als sich Florian standhaft weigert, wird er mit einem schweren Stein um den Hals von einer Brücke in den tiefen Fluss Enns nahe der Stadt Lorch geworfen.

Die Legende erzählt, dass sein Leichnam auf einen Felsen gespült wird, wo er als sichtbare Anklage für die Grausamkeit der Römer liegen bleibt. Die römischen Soldaten versuchen alles, um ihn von dort wegzuholen und zu verbrennen. Doch ein Adler hält Wache bei Florian und wehrt jeden, der sich dem Felsen nähert, mit seinem spitzen Schnabel und seinen mächtigen Krallen ab.

Nur Florians Witwe, die schöne Valeria, darf zu ihrem toten Mann, um ihn zu beerdigen. An der Stelle, an der der Adler neben dem toten Florian saß, werden später eine Kirche und das Stift St. Florian errichtet.

Florian bedeutet wörtlich „der Blumenreiche". Sein Gedenktag ist der 4. Mai. Florian ist Patron der Feuerwehr, der Bierbrauer und der Kaminkehrer. Als Nothelfer wird er gegen Feuer und Überschwemmungen angerufen. Nach ihm nennt man Feuerwehrleute auch Floriansjünger. Außerdem ist er auch der Schutzheilige von Oberösterreich.

Franziska

9. März
Fanni, Fanny, Franka, Franzi, Fränzi

Franziska wird 1384 als Tochter der adeligen und berühmten Familie de Buscis in Rom geboren. Eigentlich will sie schon als Elfjährige unbedingt in ein Kloster eintreten, doch das erlauben ihr die Eltern nicht. Stattdessen verheiratet ihr Vater Franziska mit dem reichen Adligen Lorenzo de Ponziani, der ein guter und liebevoller Ehemann wird und bestens für seine Familie sorgt. Obwohl Franziska eine glückliche Ehe führt und sechs wunderbare Kinder hat, bewahrt sie sich weiterhin den Traum ihrer Kindheit von einem Leben im Kloster.

Als ihr Mann nach 40 Ehejahren stirbt und die Kinder längst ihre eigenen Wege gehen, erfüllt sich dieser Traum für Franziska. Sie übernimmt die Leitung eines Klosters der Benediktinerinnen, das sie zuvor schon finanziell unterstützt hatte, und führt dieses im Geiste der Armut und Nächstenliebe. Sie widmet ihr ganzes Leben der Wohltätigkeit. So wird sie in Rom zum „Engel der Armen". Franziska stirbt am 9. März 1440 in Rom und wird im Jahr 1608 heilig gesprochen.

Ihr zu Ehren wird ihre Grabeskirche in Rom in S. Francesca Romana umbenannt. Der Name Franziska bedeutet „die Freie" und der Gedenktag von Franziska ist der 9. März. Sie ist neben Christophorus und Elias auch die Schutzheilige der Autofahrer.

Franz von Assisi

4. Oktober
Franziskus, Frank, Franco, Franky, Franklin

Franz von Assisi wird vor etwa 700 Jahren in der mittelitalienischen Stadt Assisi geboren. Weil seine Mutter eine Französin ist, ruft der Vater seinen kleinen Sohn, der eigentlich Johannes heißt, „Französlein", italienisch Francesco, und auf Deutsch übersetzt Franziskus. Sein Vater ist ein reicher Kaufmann und sehr stolz auf diesen Sohn, der irgendwann einmal sein Geschäft übernehmen soll. Aber bis dahin, so wünschen es Vater und Mutter, soll der Junge unbeschwert aufwachsen, soll sich austoben und Spaß am Leben haben. Und der Junge genießt den Reichtum und Luxus seiner Eltern in vollen Zügen und hat zunächst mal überhaupt keine Lust auf Arbeit. Er spielt mit seinen Freunden am liebsten Ritter und prügelt sich für sein Leben gern. Hauptsache, er gewinnt!

Lärmend zieht er nachts durch die Gassen und bedroht Passanten mit seinem selbst gebastelten Holzschwert.

Kein Wunder, dass die Bürger der Stadt nicht gut auf ihn zu sprechen sind, doch sein Vater verzeiht ihm alles und bewahrt ihn letztlich immer vor Bestrafungen. „Franz soll sich jetzt austoben, dann wird er später ein ruhiger und besonnener Erwachsener und ein guter Kaufmann", erwidert er, wenn sich die Leute über seinen Sohn beschweren.

Eines Tages jedoch – Franziskus ist gerade 17 Jahre alt – bricht ein Krieg aus. Zur Verteidigung der Stadt muss nun auch Franziskus wirklich kämpfen – ein Erlebnis, das sein bisheriges Leben verändert. Bei einer Schlacht wird direkt neben ihm sein Freund von einem Pfeil getroffen und tödlich verwundet. Auch Franziskus selbst trifft ein Hieb mit einer Axt. Der schwer Verwundete wird von den Feinden gefangen genommen und in einen Kerker der Stadt Perugia geworfen. Erst nach einem Jahr in einem feuchten, kalten Verlies gelingt es seinen verzweifelten Eltern, ihren Sohn mit einem hohen Lösegeld freizukaufen.

Doch es ist ein ganz veränderter Franziskus, der zurück nach Assisi kommt. „Im Gefängnis war mein bester Freund eine Ratte", erzählt er seinem verblüfften Vater, und dass er beschlossen habe, sein Leben zu ändern. „Ich will jetzt Gott dienen", sagt er, zieht sich einen braunen Sack an und pflegt von da an die Alten und Kranken in der Stadt.

Sein Vater ist entsetzt, vor allem als Franziskus ihm erklärt, dass er nicht vorhabe, das Geschäft des Vaters zu übernehmen. Alles gute Zureden ist sinnlos, Franziskus will seinen eigenen Weg gehen.

Schließlich wird der Vater so wütend, dass er seinen Sohn für verrückt erklärt, ihn enterbt und aus dem Haus jagt.

Franziskus nimmt sein Schicksal an. Er verabschiedet sich von seiner weinenden Mutter und zieht fortan als Bettelmönch durch das Land. Ganz allein auf sich gestellt, entdeckt der junge Mann an sich neue Talente. Dank seines Geschicks weiß er sich immer zu helfen, repariert mit seinen eigenen Händen halb verfallene Kapellen oder Kirchen und bittet als Lohn dafür nur um ein bisschen Brot und Wasser.

Überall erzählt er den Menschen von Jesus, und nach und nach folgen ihm viele junge Menschen, die fasziniert sind von seiner Art zu leben: in fröhlicher Armut.

Ganz in der Nähe seiner Heimatstadt Assisi gründet er schließlich ein kleines Kloster und den Orden der Franziskaner. Seinen Mönchen lebt Franziskus vor, dass Armut kein Mangel ist, sondern dass es Gott gefällt, wenn man freiwillig auf Reichtum verzichtet. Wenn es ihm in seinem Kloster zu laut wird, geht er gerne im Wald und auf den Wiesen spazieren und spricht mit den Tieren.

Auch das ist eine ganz besondere Gabe von Franziskus: Er versteht die Sprache der Natur. Vögel landen auf seinen Schultern, Eichhörnchen fressen ihm aus der Hand, Mäuse, Rehe und wilde Hunde liegen ihm zu Füßen und hören ihm zu, wenn er ihnen vorsingt.

Einmal trifft Franziskus auf einen gefährlichen Wolf, der die ganze Gegend in Angst und Schrecken versetzt. Er spricht mit ihm und der Wolf wird lammfromm. Von da an hat der Wolf nie wieder jemandem ein Leid angetan. Und Franziskus, seinem Herrn, ist er zeitlebens treu ergeben.

Für Franziskus sind alle Tiere Gottes Geschöpfe, die die Liebe des
Menschen verdienen. Und manchmal singt er den Tieren vor: „Lobet
Gott, ihr Tiere des Waldes, ihr Vögel, meine Brüder!"
Vögel und andere Tiere, ja sogar Sonne, Mond und Sterne, Feuer
und Wasser: die ganze Natur ist Franz lieb und vertraut wie Brüder
und Schwestern. Und so schreibt er in seinem berühmten „Sonnen-
gesang":

„Sei gelobt, mein Herr, mit all deinen Kreaturen.
Ganz besonders mit der hohen Frau,
unserer Schwester, der Sonne,
die den Tag macht und mit ihrem Licht uns leuchtet.
Sei gelobt, mein Herr, für Bruder Feuer,
durch den du erleuchtest die Nacht.
Sein Sprühn ist kühn, heiter ist er,
schön und gewaltig stark."

Damals halten ihn viele für verrückt, lächeln oder wollen mit dem
Spinner nichts zu tun haben. Franziskus stört das nicht. Er bleibt bis
zu seinem Tod im Jahr 1226 ein fröhlicher und zufriedener Mensch.
Der Gedenktag des heiligen Franziskus ist der 4. Oktober. Er ist
der Patron der Armen, der Kaufleute, der Weber und der Nationalheilige des schönen Italien.

Friedrich

8. Juli

Fred, Freddy, Frederic, Frederick, Fredy, Freya, Friederike,
Frida, Fridolin, Frieda, Frieder, Friedhelm

Der Name „Friedrich" bedeutet eigentlich „Friedensfürst". Doch der heilige Friedrich wird nichtin erster Linie für seine Friedfertigkeit bekannt. Er lebt als Sohn adeliger Eltern in der Nähe der holländischen Stadt Utrecht. Von seiner Jugend ist nicht viel bekannt. Nach seiner Priesterweihe schickt ihn der Bischof von Utrecht als Missionar ins heidnische Nordfriesland. Dort haben die Menschen zwar schon von Jesus gehört, doch viele beten noch immer zu ihren alten Meeresgottheiten. Sie wollen einfach vom Christentum nichts wissen. Aber der Missionar Friedrich gefällt den Leuten: Groß und breit, kräftig und auch noch witzig ist der Mann aus Holland, der so gut Geschichten erzählen kann. Und so hören sie ihm gerne zu, wenn er ihnen von der Macht Gottes erzählt. Das ist wie ein Unterhaltungsprogramm. Im Jahr 820 wird Friedrich zum Bischof seiner Heimatstadt Utrecht ernannt. Doch das Leben als Würdenträger ist ihm zu langweilig. Er geht lieber wieder nach Nordfriesland, um zu missionieren, zu den Menschen, die ihm ans Herz gewachsen sind. Eines Tages ist er zu Besuch bei Kaiser Ludwig dem Frommen. Dessen Frau Judith ist neugierig auf den berühmten Missionar und will sich mit ihm unterhalten. Friedrich aber nimmt kein Blatt vor den Mund und erklärt Judith, dass sie nicht gerade ein Vorbild für ihre Untertanen sei. Sie habe sehr viele Sünden

begangen und sei in der Vergangenheit nicht gerade nett zu ihren
Dienern und anderen Menschen gewesen. Wenn sie in den Himmel
wolle, so soll Friedrich gesagt haben, dann müsse sie sich noch gewaltig anstrengen.

Judith ist sprachlos. So eine Frechheit ist ihr noch nie begegnet.
Schließlich ist sie die Frau des Kaisers! Was erlaubt sich dieser Mann?
Also lässt sie Friedrich hinauswerfen. Der verlässt das kaiserliche
Schloss mit einem fröhlichen Grinsen.

Doch es wird erzählt, dass Judith so beleidigt und gekränkt ist, dass
sie Friedrich später ermorden lässt.

Bewiesen ist das aber nicht.

Friedrichs Gedenktag ist der 8. Juli.

Gabriel

29. September
Gabriela, Gabrielle, Gabi, Gaby

Gabriel ist der Engel, der Maria, der Mutter Jesu, erschienen ist, um ihr die Geburt des Messias anzukündigen.

Er gehört zu den drei Erzengeln. Das sind Michael, Raphael und eben Gabriel. Die Kirche feiert ihr Gedenken gemeinsam am 29. September. Erzengel dienen als Vermittler zwischen Gott und den Menschen, denen sie Gottes Wille überbringen. Sie sorgen dafür, dass Gottes Willen auf der Erde geschieht.

Gabriel ist der Verkündigungsengel. Er erscheint nicht nur Maria, sondern auch den Hirten auf dem Feld und den Heiligen Drei Königen, denen er den Weg zur Krippe weist.

Der Name Gabriel stammt aus dem Hebräischen und bedeutet „Gotteskämpfer" oder einfach „der Mann Gottes". Er ist Patron der Boten und Postboten, der Zeitungsausträger und der Nachrichtendienste. Aber auch die Briefmarkensammler berufen sich auf ihn.

Georg

23. April
George, Giorgio, Jörg, Jürgen, Juri

Der heilige Georg soll im dritten Jahrhundert in Kappadokien, in der heutigen Türkei, gelebt haben. Er ist dort Soldat im Dienst des Kaisers Diokletian und ein hoher Offizier. Eines Tages jedoch beginnt dieser Kaiser, die Christen zu verfolgen. Aus Angst, sie würden zu mächtig werden und ihm die Krone streitig machen, lässt er sie sogar töten. Auch Georg bekennt sich zum Christentum. Auch er wird verfolgt, grausam gefoltert und in der Stadt Silena eingesperrt. Schließlich wird er zum Tode verurteilt. In seinen letzten Lebenstagen aber soll ein riesiger Drache am See vor der Stadt erschienen sein und alle in Angst und Schrecken versetzt haben. Mit seinem riesigen Schwanz erschlägt er jeden, der sich ihm nähert. Die Einwohner müssen ihm täglich Lämmer opfern, um seinen Grimm zu stillen. Als keine Tiere mehr aufzutreiben sind, werden die Kinder der Stadt geopfert. Eines Tages trifft das Los die Königstochter. Weinend nimmt das Mädchen von seinen Eltern Abschied und macht sich auf seinen schweren Gang zum See. Da erscheint ihm Georg, der tags zuvor grausam gefoltert worden war. Trotzdem verspricht er dem Mädchen, ihm zu helfen.
Als der Drache plötzlich aus dem Wasser auftaucht, um die Prinzessin zu holen, schwingt Georg mit dem Zeichen des Kreuzes die Lanze und durchbohrt das Untier. Schwer verletzt geht der Drache in den Fluten unter. Um ihn herum breitet sich im Wasser eine riesige Blut-

lache aus. Georg aber bittet die Königstochter um ihren Gürtel. Als der Drache mit letzter Kraft und halbtot erneut aus dem Wasser auftaucht, schlingt Georg den Gürtel der Königstochter um den Drachen und zieht das riesige Tier damit aus dem Wasser. Schließlich schleift er es in die Stadt. Als die Bewohner von weitem sehen, wie sich Georg ihnen nähert, den Drachen hinter sich herziehend, entsteht ein großes Chaos. Viele ergreifen vor Angst und Panik die Flucht. Aber Georg verspricht, den Drachen zu töten, wenn die Bewohner sich zu Christus bekennen. So geschieht es und Georg erschlägt tatsächlich den Drachen.

Vier Paar Ochsen werden gebraucht, um den gewaltigen Drachen aus der Stadt zu schleppen. Der König aber hält Wort und lässt sich mit seinem ganzen Volk taufen.

Die Legende erzählt, dass Georg viel später den Kreuzrittern bei ihrem Kampf um Jerusalem in strahlend weißer Rüstung erschienen ist. Er soll ihnen geholfen haben, die Heiden aus der Heiligen Stadt zu vertreiben.

Georgs Gedenktag ist der 23. April. Er wird zu den 14 Nothelfern gezählt und vor allem gegen Fieber angerufen. Er ist der Patron der St.-Georgs-Pfadfinder, der Soldaten, Reiter, Schützen und Schmiede.

Gerhard

24. September
Gerd, Gert, Gerhart, Gerald

Gerhard wird um das Jahr 1000 in der norditalienischen Stadt Venedig geboren. Auf einer Pilgerfahrt ins Heilige Land kommt er durch Ungarn und macht am Hof von König Stephan Station. Der kluge Gerhard freundet sich mit dem König an und dieser bittet ihn schließlich, in Ungarn zu bleiben und dort das Evangelium zu lehren. Gerhard lässt sich überreden – allerdings nur unter der Bedingung, dass man ihn auf seine Art predigen lässt.

Der König willigt ein und so zieht der bescheidene Gerhard mit einem kleinen Eselskarren durch das Land und verkündet den Menschen das Wort Gottes. Im Jahr 1030 wird Gerhard erster Bischof von Ungarn und in diesem Amt berühmt für seine Nächstenliebe.

Als König Stephan stirbt, entbrennt unter den Fürsten im Land ein Kampf um seine Nachfolge. Sie verleugnen wieder den christlichen Glauben und beten wieder ihre alten Götter an. Bischof Gerhard versucht ihnen ins Gewissen zu reden, aber ohne Erfolg. Er zieht sich damit den Zorn der Fürsten zu, die ihn deshalb ermorden lassen. Gerhard ist der Apostel der Ungarn. Sein Gedenktag ist der 24. September. Er ist der Patron der Erzieher – also der Lehrerinnen, Lehrer und Kindergärtnerinnen.

Gertrud

17. März
Gertraud, Gerda, Traudl, Gerti, Gertrudis

Gertrud wird im Jahr 629 als Tochter des berühmten Königs Pippin geboren. Die Prinzessin ist nicht nur außergewöhnlich hübsch, sondern auch sehr eigensinnig. Als sie 16 ist, wollen ihre Eltern sie verheiraten. Doch keiner der Bewerber gefällt der jungen Gertrud, denn sie hat sich längst für ein ganz anderes Leben entschieden: Sie will nicht heiraten, sondern ihr Leben lieber Gott weihen.

Ihr Weg führt sie in das Kloster Nivelles, das im heutigen Belgien liegt. Nach einigen Jahren wird sie dort Äbtissin, also die Leiterin des Klosters. Gertrud macht es sich zur Aufgabe, Pilger und andere Reisende zu beherbergen und zu betreuen.

Im Jahr 655 soll sie das Land durch ihre Gebete von einer Ratten- und Mäuseplage befreit haben. Weil sie sich stets auch für die Armen, Kranken und Schwachen stark macht, wird sie von den Menschen schon zu Lebzeiten wie eine Heilige verehrt.

Leider wird Gertrud nur 30 Jahre alt. Sie stirbt am 17. März 659 und wird in Nivelles begraben. Gertrud gilt heute als Patronin der Armen, der Witwen und Gärtner.

Ihr Gedenktag ist der 17. März, ihr Name kommt ursprünglich aus dem Althochdeutschen und bedeutet so viel wie „die starke Frau, die einen Speer trägt".

Gracia

21. August

Grace, Gratia, Gratian, Graziella

Die Gracia, von der hier die Rede ist, heißt ursprünglich Zoraida und ist die Tochter eines muslimischen Kalifen (einer Art Kleinkönig) in der spanischen Provinz Lérida. Zoraida ist auch die Schwester von Bernhard und Maria. Um das Jahr 1150 herum wird sie von ihrem Bruder Bernhard zum Christentum bekehrt. Als Nonne nimmt sie später den Ordensnamen Gracia an.

Zusammen mit ihren Geschwistern will Gracia später auch einen weiteren Bruder mit Namen Almanzor zum Christentum bekehren. Doch der übergibt seine Geschwister den maurischen Behörden, die keine Christen in der Familie eines maurischen Kalifen dulden. Die drei werden zum Tod verurteilt.

Doch der Bruder, der sie verraten hat, findet keine Ruhe und bereut später seine Tat. Denn seine Schwester Gracia erscheint ihm immer wieder mahnend in seinen Träumen, bis er schließlich selbst zum Christentum findet. Kaum hat er das Kreuz berührt und sein Herz dem neuen Glauben geöffnet, verschwinden auch die Albträume. Jetzt weiß er: Gracia hat ihm verziehen.

Der Name „Gracia" stammt aus der uralten Sprache Aramäisch und bedeutet so viel wie „die Schöne" oder auch „die von Gott Geliebte". Die Kirche gedenkt ihrer am 21. August.

Heinrich

13. Juli

Hajo, Harald, Harry, Heike, Heiko, Hein, Heiner, Heini,
Heino, Heinz, Hendrik, Henning, Henry, Henriette

Heinrich II. ist ein deutscher Kaiser, der einzige, den die Kirche heilig gesprochen hat. Denn im Gegensatz zu vielen seiner Vorgänger und Nachfolger bemüht sich Heinrich um Frieden und Einigkeit.

Heinrich wird im Jahr 973 auf der Burg Abbach bei Regensburg als Sohn von Herzog Heinrich dem Zänker geboren. Sein Vater ist, wie der Name schon sagt, nicht gerade ein Friedensengel – im Gegenteil: Er legt sich mit so ziemlich jedem an, der ihm in die Quere kommt. Vor allem mit König Otto III. verträgt er sich überhaupt nicht. Nach dem Tod seines Vaters übernimmt der erst 22-jährige Heinrich das Herzogtum Bayern und setzt alles daran, Frieden zu schaffen unter den zerstrittenen Fürsten und mit König Otto.

Als Otto III. stirbt, wählen die deutschen Adligen den damals 29-jährigen Heinrich zu seinem Nachfolger. Zusammen mit seiner hoch gebildeten und klugen Frau Kunigunde regiert er sein Land mit großer Umsicht und Weisheit. Das bleibt auch der Kirche und Papst Benedikt VIII. nicht verborgen. So lädt er Heinrich und seine Frau Kunigunde nach Rom ein und krönt sie zum Kaiserpaar.

Zum Dank opfert Kunigunde alle ihre Juwelen und sonstigen Reichtümer und lässt in der fränkischen Stadt Bamberg einen wunderschönen Dom bauen. Die Einweihung dieser Kirche wird zum größten Fest des Mittelalters. Es kommen Könige und Fürsten aus ganz Europa.

Als Heinrich II. im Jahr 1024 stirbt, wird er, wie später auch Kunigunde, im Bamberger Dom begraben. Einhundert Jahre später spricht ihn Papst Eugen III. heilig.

Der Name Heinrich kommt aus dem Althochdeutschen und bedeutet so viel wie der „Herr des Hofes". Sein Gedenktag ist der 13. Juli.

Heinrich ist der Patron des Bamberger Bistums, wo er wie Kaiserin Kunigunde hoch verehrt wird.

Helena

18. August
Helene, Helen, Hella, Elena, Ellen, Ilona, Ilka,
Lea, Lena, Leni, Leonie, Aline, Aylin

Die heilige Helena ist eine bemerkenswerte Frau, deren Leben eng mit dem ihres Sohnes Konstantin verbunden ist. Helena wird um das Jahr 253 herum geboren und später die Frau des römischen Kaisers Chlorus. Dieser aber jagt sie fort und Helena findet Trost im christlichen Glauben. Nach dem Tod des Kaisers wird der gemeinsame Sohn Konstantin neuer Kaiser der Römer mit Sitz in Trier. Trier gehört damals zum großen römischen Reich. Weil Konstantin seine Mutter sehr lieb hat und ihre Klugheit schätzt, holt er sie wieder zurück an den Hof. Sie lehrt ihn den christlichen Glauben und nach beinahe 300 Jahren der Christenverfolgung endet diese endlich unter Kaiser Konstantin und seiner Mutter. Jetzt darf jeder Christ sein, ohne Angst vor Verfolgung oder gar Tod haben zu müssen. Das ist Helenas Verdienst. Im Alter von 70 Jahren – und damals wurden die Leute nur sehr selten so alt – reist Helena aus Dankbarkeit nach Jerusalem und sucht dort das Kreuz Jesu. Nach langen Ausgrabungsarbeiten findet sie das Kreuz schließlich auf dem Berg Golgata. Hier lässt Helena die berühmte Grabeskirche bauen. Splitter des Kreuzes nimmt Helena mit nach Rom und nach Trier, wo diese kostbaren Reliquien heute noch aufbewahrt werden.
Helena stirbt im Jahr 329 und wird in Rom begraben. Ihr Name stammt aus dem Griechischen und bedeutet „die Leuchtende".

Hildegard von Bingen

17. September
Hilde, Hiltrud, Hilda

Hildegard von Bingen ist eine ganz populäre Heilige in unserer Zeit. Lange waren ihr Leben und ihr Wissen vergessen gewesen. Erst heute, wo sich viele Menschen wieder auf die Kräfte der Natur besinnen, erinnern sie sich an Hildegard von Bingen, die schon vor fast 1000 Jahren gelebt hat.

Die kleine Hildegard, das zehnte Kind eines deutschen Grafen, ist von klein auf ganz anders als ihre Geschwister. Das zarte, kränkelnde Mädchen tollt nicht im Burghof herum, sondern betrachtet lieber träumend die Wolkenspiele, beobachtet die Vögel und interessiert sich für alles, was grünt und blüht.

Die Eltern machen sich Sorgen. Wie soll ihr weltfremdes Träumerle nur zurechtkommen? Deshalb übergeben sie das kleine Mädchen schon mit acht Jahren an eine Verwandte: Gräfin Jutta von Sponheim, die ist eine Ordensfrau. Sie nimmt die Kleine in ihre Arme und in ihr Kloster auf. Hier lernt die kleine Hildegard Rechnen, Schreiben und lateinische Vokabeln, muss aber auch auf den Wiesen und Feldern und im großen Klostergarten mitarbeiten. Hildegard gefällt dieses Leben, sie wächst zu einem unbekümmerten jungen Mädchen heran.

Manchmal aber sieht Hildegard Dinge und hört Stimmen, die alle anderen nicht hören. Wer ist es, der da durch die junge Frau seine Botschaft verkünden will? Hildegard denkt nicht darüber nach.

Sie spürt nur, dass sie nach so einem Erlebnis stets todmüde ist. Später wird sie manchmal nach ihren Erscheinungen und Visionen sogar krank. Erst mit 42 Jahren erkennt Hildegard von Bingen, dass Gott selbst sie zu seiner Verkünderin auserwählt hat. Da ist sie längst als Nachfolgerin der verstorbenen Tante Leiterin des Klosters auf dem Disibodenberg. Mit Hilfe ihres Beichtvaters und einer anderen Schwester schreibt Hildegard von da an alle ihre Visionen auf, um sie anderen Menschen übermitteln zu können. Dieses Werk heißt Scivias, das Wissen.

Als es später im großen Kloster auf dem Disibodenberg zu unerfreulichen Machtspielen und Unruhen kommt, zieht Hildegard mit 18 getreuen Ordensschwestern auf den Rupertsberg. Hier gründet sie 1147 direkt über dem Grab des Rupert von Bingen ein neues Kloster, das sie nach der Regel des heiligen Benedikt, „bete und arbeite", führt. Bald spricht sich herum, dass Hildegard eine erleuchtete Frau ist. Männer und Frauen, Arme und Reiche, Kranke und Gesunde suchen sie in ihrem Kloster auf und bitten sie um ihren Rat.

Längst hat sie sich auch als Künstlerin, Naturforscherin und Ärztin einen Namen gemacht. Was heute nicht mehr ungewöhnlich ist, dass Frauen den Ton angeben, ist damals sensationell. Berühmte Männer wie Bischöfe und Äbte und auch der deutsche Kaiser Barbarossa lassen sich von Hildegard beraten.

Hildegard aber sieht hinter allem, was sie tut, Gottes Größe und Allmacht. Sie will mit ihrer Forschung die Welt als Gottes Kunstwerk erstrahlen lassen. Das ist ihr ganzes Bestreben. Ihr Glaube auch ist es, der sie zur Natur- und Heilkunde führt. Sie erkennt die Heilkräfte der Natur, nutzt sie zum Wohl der Kranken und erforscht immer

weiter die Gestalt und Säfte der Kräuter. 280 Pflanzen und Bäume
hat sie nach ihrem Nutzen für Kranke beschrieben.

Noch heute haben viele ihrer Erkenntnisse Gültigkeit. Aber auch
damals schon ist das Kloster auf dem Rupertsberg ein Zentrum für
Ratsuchende und Kranke aus dem ganzen Rheingau, wo sie die
Naturlehrerin meist betend und arbeitend im Klostergarten finden.

Neben der Natur ist die Kirche eines der großen Anliegen der
Ordensfrau. Sie macht sich große Sorgen, dass diese zu weltlich
wird. Ihre Vorsteher, die Bischöfe, Äbte und Priester, ermahnt sie zu
Barmherzigkeit und Nächstenliebe. Dafür unternimmt sie weite
Reisen und redet unerschrocken den Menschen ins Gewissen.

Neben ihrem starken Geist bleibt ihr Körper stets schwach, so wie sie
schon als Kind schwächlich war. Oft ist sie krank und muss starke
Schmerzen erleiden.

Im hohen Alter von 81 Jahren schließt Hildegard am 17. September
1179 ihre Augen für immer. Am Himmel über dem Rupertsberg sollen
zu diesem Zeitpunkt zwei sich kreuzende Regenbogen erschienen
sein und mittendrin ein rot schimmerndes Kreuz.

Ingeborg

30. Juli

Inga, Inge, Ingelore, Ingrid, Ingmar, Inke, Ingo

Ingeborg von Frankreich hat ein schweres Leben hinter sich. Die 17-jährige dänische Prinzessin wird im Jahr 1193 mit dem französischen König Philipp verheiratet, obwohl keiner von beiden das eigentlich will. Nur politische Gründe sprechen für diese Ehe. Und kurz nach der Hochzeit schon jagt Philipp seine junge Frau vom Schloss und heiratet Agnes von Meran. Erst als der Papst damit droht, ganz Frankreich mit einem Kirchenbann zu belegen, gibt Philipp nach. Denn das hätte bedeutet: Die Geistlichen hätten keine Messen mehr gelesen, keine Beichten mehr abgenommen, keine Hochzeiten mehr durchgeführt und keine Taufen mehr vollzogen. Philipp weiß: Wenn das passiert, wird das Volk meutern und ihn vom Thron werfen.

Also holt er Ingeborg an seinen Hof zurück, an dem aber auch Agnes von Meran, seine zweite Frau, lebt. Mit Agnes hat Philipp zwei Kinder, um die sich Ingeborg nach Agnes Tod liebevoll kümmert.

Die stille Frau führt ein schweres Leben, immer verachtet und gedemütigt von ihrem Mann. Trotzdem versucht sie, möglichst viel Gutes zu tun und den Menschen zu helfen, denen der hartherzige Philipp Unrecht getan hat. Als sie am 30. Juli 1237 stirbt, wird sie vom Volk wie eine Heilige verehrt.

Irene

20. Oktober
Ira, Iria, Irina

Irene von Portugal lebt um das Jahr 650. Sie ist eine fromme Klosterschwester in dem Ort Scalabis. Sie soll ein wunderschönes Mädchen gewesen sein und gleich zwei Männer wollen sie heiraten. Doch Irene weist beide zurück – sie hat ihr Leben Christus geweiht und will das Kloster nicht verlassen. Aus Wut und Enttäuschung darüber beginnt einer der beiden Männer, hässliche Gerüchte in die Welt zu setzen, und behauptet, Irene sei gar nicht so fromm, wie sie immer tue. Als der andere abgewiesene Mann das hört, wird er wütend. Er glaubt den Gerüchten und fühlt sich von Irene derart betrogen und verletzt, dass er gemeine Mörder anheuert. Diese dringen in das Kloster ein, überraschen die schöne Irene in ihrer schmucklosen Kammer und erstechen die Ordensfrau. Danach werfen sie die Leiche über die Klostermauer in einen Fluss. Dieses schreckliche Verbrechen geschah im Jahr 653 und die Stadt, in der das Kloster stand, ist nach der heiligen Irene benannt. Sie heißt: Santarem (Sankt Irene).

Der Gedenktag der Märtyrerin ist der 20. Oktober. Der Name kommt aus dem Griechischen und bedeutet „Friede" oder auch „die Friedliche".

Jakob

25. Juli

Jakobus, Jacob, Jacques, Jacqueline, James, Jago

Der Apostel Jakobus ist, wie die meisten Jünger, ein Fischer am See Genezareth und wird später einer der ersten Märtyrer. Er ist ein Bruder des Evangelisten Johannes und gehört zu den Lieblingsjüngern Jesu. Nach Christi Auferstehung und seiner Himmelfahrt beschließt er, das Wort Gottes zu verkünden, und predigt das Evangelium in Jerusalem und Samaria. Das jedoch gefällt den Römern überhaupt nicht. Sie fürchten nämlich das Selbstbewusstsein und die Standfestigkeit der Christen, die nicht bereit sind, sich den römischen Gesetzen zu beugen. So lässt der römische Statthalter Herodes den Prediger Jakobus gefangen nehmen. Wegen angeblichen Aufwiegelns zum Aufstand wird er zum Tode verurteilt und von den Soldaten zur Hinrichtungsstätte gebracht.

Auf dem Weg zum Henker begegnet die Gruppe einem Mann, der vor Schmerzen gekrümmt am Rand der Straße sitzt. Jakobus will den Mann fragen, ob er ihm helfen kann, doch die Soldaten stoßen ihn weiter. Da erklärt Jakobus, dass es sein letzter Wille sei, mit diesem Mann zu sprechen, und dass man den letzten Willen auch einem zum Tode Verurteilten nicht abschlagen dürfe. Murrend halten die Soldaten an. „Ich habe die Gicht", erklärt der Mann dem Gefangenen. Damals ist diese Krankheit viel schlimmer als heute, weil es keine Medizin dagegen gibt. Die Legende erzählt, dass Jakobus den Mann leicht an der Stirn berührt, dieser aufspringt und frei von Schmerzen und

Beschwerden lauthals Gott für seine Güte preist. Da fällt auch einer der Soldaten vor Jakob auf die Knie und bittet ihn um seinen Segen. Als er sich weigert, den Gefangenen weiter zum Richtplatz zu begleiten, fesseln ihn die anderen Soldaten und schleppen ihn mit. Schließlich werden Jakobus und der Soldat gemeinsam enthauptet. Auch der Soldat geht wie Jakobus ohne Angst in den Tod, mit der Zuversicht, dass auch er nun ins Paradies kommen werde.

Zu Ehren des heiligen Jakob wird später in Spanien eine große Wallfahrtskirche namens Santiago de Compostela errichtet. Dorthin pilgern Menschen aus ganz Europa schon seit über 1200 Jahren und der Fußweg dorthin wird als „Jakobsweg" bezeichnet. Nachdem früher eine Meeresmuschel mit auf die beschwerliche Pilgerreise genommen und wie ein Ausweis an der Kleidung befestigt wird, ist der Pilgerweg auch heute noch mit dem Muschelsymbol markiert.

Jakobus, der zur Unterscheidung von einem anderen Apostel dieses Namens auch „Jakob der Ältere" genannt wird, ist Landespatron von Spanien und Portugal sowie von Pilgern, Weinbauern und Apothekern.

Sein Gedenktag ist der 25. Juli. Der Gedenktag des weniger bekannten „Jakobus des Jüngeren" ist der 3. Mai.

Joachim

26. Juli
Achim, Jochen

Joachim und Anna sind die Eltern der Gottesmutter Maria und leben in Jerusalem. Joachim ist ein wohlhabender Viehzüchter, dem nur ein Kind zu seinem Glück fehlt. Nach vielen Gebeten, Opfergaben und Wohltaten für die Armen wird den beiden mit ihrer Tochter Maria doch noch ein Kind geboren. Dieses Ereignis hatte ein Engel dem Paar zuvor verkündet.

Vom Leben des Joachim ist nicht mehr viel bekannt. Der Name stammt aus dem Hebräischen und bedeutet „Gott richtet auf" oder „Gott macht dich stark".

Joachim ist der Patron der Eheleute und sein Gedenktag ist der 26. Juli.

Johanna

30. Mai

Jana, Janina, Jennifer, Jessica, Chantal, Hanna,
Hannah, Hanah, Hannelore

Die heilige Johanna wird nur 19 Jahre alt, aber sie erlebt in dieser
kurzen Zeit mehr als andere Menschen in 70 oder 80 Jahren.
Geboren wird sie im Jahr 1412 in einem kleinen Dorf in Nordfrankreich. Ihre Eltern sind fromm und sehr arm. Ihre Tochter muss schon
früh die Schafe hüten. Dabei hört sie immer wieder Stimmen –
Stimmen, die in ihrem Kopf zu sein scheinen. Diese Stimmen sagen
ihr, sie solle die belagerte Stadt Orleans befreien und den französischen König Karl VII. nach Reims zur Krönung führen.

Johanna hat zunächst einfach nur Angst vor diesen Stimmen. Sie
weiß zwar, dass die Engländer und die Franzosen schon seit vielen
Jahren Krieg führen und von der Belagerung von Orleans durch
die Engländer, doch wie soll ausgerechnet sie, ein armes, ungebil-
detes Schäfermädchen, den Krieg beenden und Frankreich retten?
Aber die Stimmen lassen ihr keine Ruhe und so erzählt sie schließlich ihrem Vater davon. Der hält seine Tochter für verrückt und
sperrt sie in eine dunkle Kammer ein. Aber Johanna gelingt die
Flucht: Die damals 13-Jährige schneidet sich die langen Haare kür-
zer und stiehlt eine alte Ritterrüstung. Damit ausgerüstet und
verkleidet zieht sie von Dorf zu Dorf und erzählt den Menschen,
die sie tatsächlich für einen jungen Ritter halten, von ihrem
Traum und den Stimmen.

Und es gelingt ihr, ein kleines verwegenes Häuflein von Kämpfern um sich zu scharen. Mit diesem winzigen „Heer" trifft sie schließlich vor Orleans ein. Von einem Hügel sieht sie hinunter auf das riesige Aufgebot der Engländer. Doch Johanna lässt sich nicht mehr abschrecken, denn sie weiß, dass Gott gerade sie ausgesucht hat, um diesen Hundertjährigen Krieg endlich zu beenden.

Gestärkt durch dieses Gottvertrauen, gibt sie ihrem Pferd die Sporen und reitet ihren Männern voraus in die Schlacht.

Die Engländer fühlen sich völlig überrumpelt: Woher kommt plötzlich dieser neue Feind, der wie ein Blitz durch ihre Reihen fährt? Die Angreifer scheinen keine Angst zu kennen. Und ihr eher schmächtiger Anführer trägt eine Rüstung, die in einem himmlischen Licht zu glänzen scheint. Da bekommen viele der englischen Soldaten Angst und legen ihre Waffen nieder. Doch immer noch ist die Zahl der Gegner riesig. Noch immer fliegen die Speere in Johannas Richtung, immer wieder blitzen Schwerter haarscharf an ihrem Kopf vorbei. Nichts schien den kleinen Ritter verletzen zu können – er wirkt unbesiegbar. Schließlich ergreifen die überlebenden Engländer die Flucht. Aus Orleans sind inzwischen auch die zuvor eingeschlossenen Franzosen Johanna und ihren Männern zu Hilfe gekommen – gemeinsam gelingt es ihnen, den Feind bis zur Küste und aus dem Land zu vertreiben. Der lange, lange Krieg ist beendet, Gottes Wille geschehen.

Johanna jedoch bringt ihr Sieg kein Glück. Sie fällt in die Hände von Soldaten des Herzogs von Burgund und der liefert sie an die Engländer aus.

Diese erkennen in Johanna diejenige, die sie so vernichtend geschlagen hat. „Das konnte ja auch nicht mit rechten Dingen zugehen", erklären sie. Johanna müsse wohl eine Hexe sein! Wegen Hexerei wird sie schließlich angeklagt und am 30. Mai 1431 auf dem Scheiterhaufen verbrannt. Der 30. Mai ist auch der Gedenktag Johannas. Johanna von Orleans ist die Schutzheilige Frankreichs.

Johannes

24. Juni

Jan, Johann, Janosch, Jens, Hans, Hannes, Jannik, Yannick,
Jo, Jon, Jonathan, John, Joel

Johannes der Täufer wird genau ein halbes Jahr vor Jesus geboren. Alles, was wir über ihn wissen, steht in der Bibel. Die Evangelisten erzählen, dass Maria, die Mutter Gottes, einige Monate vor Jesu Geburt zu ihrer Verwandten Elisabeth geht. Dort sieht Maria, dass auch Elisabeth ein Kind erwartet. Das überrascht sie sehr, denn Elisabeth ist schon älter und sie und ihr Mann Zacharias hatten die Hoffnung auf ein Kind eigentlich schon aufgegeben.

Was ist geschehen? Zacharias ist ein jüdischer Priester. Eines Tages hat Gott zu Zacharias gesprochen, ihm Mut gemacht und den Eheleuten einen Sohn versprochen. So geschieht es auch – Johannes wird seinen alten Eltern geboren. Diese geben ihm den Namen Johannes, weil er so viel wie „Gott ist gnädig" bedeutet.

Johannes ist ein kluger und lebhafter Junge, der seine Eltern über alles liebt. Doch als er erwachsen wird, muss er sie verlassen, weil er Gott dienen will. Dazu sucht er den richtigen Weg. Er folgt dem Ruf Gottes und verbringt einige Zeit als Einsiedler in der Wüste, um sich in der Einsamkeit auf seinen Auftrag vorzubereiten. Sein Auftrag lautet: das Kommen von Jesus, dem Erlöser, anzukündigen. Dazu geht er in die Nähe des Flusses Jordan, zu dem immer viele Menschen strömen, und predigt dort, fordert die Menschen auf, Buße zu tun und ein anderes Leben zu führen.

Der Evangelist Matthäus berichtet ausführlich über Johannes den Täufer. Es heißt, dass dieser einen Umhang aus Kamelhaaren trägt und einen ledernen Gürtel. Heuschrecken, der Honig wilder Bienen und das Wasser des Flusses – das ist seine Nahrung, mehr braucht er nicht zum Leben. Er predigt am Ufer des Flusses und von weither kommen Menschen zu ihm und lassen sich von ihm mit dem Wasser des Jordans taufen.

Eines Tages kommt Jesus selbst zum Jordan. Ein Blick genügt – Johannes erkennt ihn sofort. Laut ruft er den Umstehenden zu: „Seht das Lamm Gottes, das hinweg nimmt die Sünden der Welt." Wie all die anderen, die gekommen sind, um Johannes predigen zu hören, kniet nun auch Jesus vor ihm nieder, um sich von Johannes taufen zu lassen.

Dieser zögert zunächst aus Ehrfurcht vor jemandem, der bedeutender ist als er selbst, doch da kommt eine Taube vom Himmel herunter und es spricht eine gewaltige Stimme: „Das ist mein geliebter Sohn. An ihm habe ich mein Wohlgefallen."

Jesus selbst nennt Johannes später den wichtigsten aller Menschen. Er sagt: „Unter allen Menschen hat es keinen wichtigeren gegeben als den Täufer." Furchtlos tritt Johannes auch den Mächtigen der Welt gegenüber, bis er von König Herodes gefangen genommen wird. Johannes hatte ihm sein unmoralisches Leben vorgeworfen. Die Frau des Herodes ist empört und zetert so lange, bis Herodes Johannes hinrichten lässt.

Der Gedenktag des Johannes ist der Tag seiner Geburt, der 24. Juni. Er ist der Patron der Mönche, Gastwirte, Schneider, Maurer, Bildhauer und Weinbauern.

Johannes Paul II.

Papst Johannes Paul II. wird am 18. Mai 1920 in Wadowice, einer kleinen polnischen Stadt in der Nähe von Krakau, geboren und nach seinem Vater Karol Wojtyla benannt. Seine Mutter stirbt, als er neun Jahre alt ist, den Tod seines ältesten Bruders beweint er mit zwölf Jahren und als er 21 ist, stirbt auch sein geliebter Vater. Schon früh ist der junge Mann auf sich allein gestellt. Er beginnt 1938 mit dem Studium, muss dieses aber abbrechen, als die Nazis seine polnische Heimat überfallen. Zeitweise arbeitet er in einer Chemiefabrik, um sich ernähren zu können.

Noch während des Krieges beginnt er, sich für den Beruf des Priesters zu interessieren, und studiert nach dem Krieg in Warschau Theologie. Da er außerordentlich klug und fromm ist, wird er schnell zu einem der wichtigsten Männer der katholischen Kirche Polens: 1958 ist er Bischof, sechs Jahre später Erzbischof von Krakau und wiederum drei Jahre später sogar Kardinal. Am 16. Oktober 1978 wird er von der Versammlung der Kardinäle schließlich zum Papst gewählt.

Johannes Paul II., wie er sich nach seinen beiden Vorgängern als Papst nennt, ist ein großartiges Symbol der modernen Kirche.

Obwohl er schwer krank ist, lässt er sich nicht unterkriegen. Er predigt Verständnis zwischen den Religionen, verurteilt Krieg und Terror und hat auf seinen Reisen in alle Welt stets ein offenes Ohr für die Nöte der Ärmsten.

Jona

21. September
Jonas

Der Name „Jona" ist in einem Buch des Alten Testaments überliefert. Die Legende berichtet, dass Jona von Gott beauftragt
wird, dem König von Ninive den Untergang seiner Stadt vorauszu-
sagen, wenn sich sein Volk nicht frommer und anständiger betragen
werde. Jona will diesen Auftrag eigentlich nicht ausführen, denn das
Volk von Ninive ist stark und mächtig und unterdrückt das jüdische
Volk, dem Jona angehört. Ihm würde es eigentlich ganz gut gefallen,
wenn Gott die Menschen von Ninive strafen würde. Sie haben
schließlich Strafe verdient, meint er. Da will er lieber keine schlech-
ten Nachrichten überbringen.
Also flieht er über das Meer in die entgegengesetzte Richtung, nach
Westen. Doch dann kommt ein furchtbarer Sturm auf und Jona ahnt,

dass seine Entscheidung falsch gewesen ist: Vor Gott kann man nicht davonlaufen. In seiner Not erzählt Jona den Seeleuten von seiner Flucht. Diese bekommen es mit der Angst zu tun und wollen den seltsamen Mann loswerden. Also beschließen sie, den Flüchtling ins Wasser zu werfen, damit Gott ihr Schiff verschone. Geplant – getan: Sie packen ihn an Händen und Füßen und werfen ihn in die stürmischen Fluten.

Doch Jona ertrinkt nicht: Er wird von einem riesigen Wal verschluckt und lebt drei Tage und Nächte lang im Bauch des gewaltigen Tieres. Und der Wal spuckt ihn schließlich nach drei Tagen genau am Strand seiner Heimat wieder aus. Nun weiß Jona, dass er sich nicht noch einmal drücken darf: Er führt den göttlichen Auftrag aus und hat Erfolg. Der König und die Bevölkerung von Ninive sind auf seine Botschaft hin zur Buße bereit.

Jona lernt daraus, dass man vor Gott nicht flüchten kann und dass seine Gnade und Barmherzigkeit allen wohlmeinenden Menschen gilt.

Josef

19. März

Josy, Joschka, Josepha, Josefa, Josefine, Josefina, Josi,
Jupp, Sepp, Pepe

Josef ist der Verlobte und spätere Mann von Maria, der Mutter Jesu. Er stammt aus einer bekannten Familie, dem Geschlecht Davids, und ist Zimmermann in Nazareth. Als Josef merkt, dass Maria, seine Verlobte ein Kind erwartet, ist er zutiefst enttäuscht und will sich eigentlich von Maria trennen. Glaubt er doch, dass sie ihm nicht treu gewesen ist. Doch als er in der Nacht mit diesem traurigen Gedanken einschläft, schickt Gott ihm einen Engel. Dieser erklärt ihm, dass Gott persönlich Maria als Mutter für seinen Sohn auserwählt habe und dass es nun Josefs Aufgabe sein soll, auf Maria und das Kind aufzupassen. Schließlich werde Maria einen Sohn zur Welt bringen, der die Welt erlösen soll. So spricht der Engel.

Josef zögert nicht und tut alles das, was der Engel ihm empfohlen hat. Er heiratet Maria und macht sich mit seiner hochschwangeren Frau auf den Weg nach Bethlehem, weil der Kaiser eine Volkszählung befohlen hatte. Wegen dieser Zählung muss jeder Mann zu seinem Geburtsort gehen. Unterwegs findet die Familie Unterschlupf in einem Stall und dort wird Jesus dann geboren.

Später muss die Familie nach Ägypten fliehen, denn der damalige Herrscher, König Herodes, will das Neugeborene töten lassen. Erst viele Jahre später, als der grausame Herodes gestorben ist,

kann Josef seine Familie nach Nazareth zurückbringen und dort wieder als Zimmermann arbeiten.

Von Josefs weiterem Leben oder seinem Tod wissen wir kaum etwas. Er soll ein guter Pflegevater für Jesus gewesen sein und wohl auch ein liebevoller Ehemann für Maria. Eines jedoch wissen wir genau: Josef erfüllte seine Pflicht, als Gott eine Aufgabe für ihn hatte.

Der Gedenktag des Josef ist der 19. März. Der Name ist ursprünglich hebräisch und bedeutet sinngemäß „Gott gebe Vermehrung".

Josef ist der Schutzpatron der Kirche, aber auch der Zimmerer, Holzhauer und Schreiner. Zudem gilt er als Patron der Sterbenden und wird ganz besonders in den Diözesen Osnabrück, Graz und Innsbruck verehrt.

Julia von Korsika

22. Mai

Juli, Julie, Juliane, Juliana, Julius, Julian

Julia stammt aus einer christlichen Adelsfamilie in Karthago, dem heutigen Tunis. Sie wird um das Jahr 600 geboren und als 16-jährige zusammen mit anderen Christen bei einem Überfall auf die Stadt entführt. Die hübsche Julia wird an den heidnischen syrischen Kaufmann Eusebius als Sklavin verkauft, der sie und viele andere mit in seine Heimat nehmen will. Als das Sklavenschiff unterwegs auf Korsika landet, ist dort gerade ein heidnisches Fest im Gange. Das kommt dem Kaufmann gerade recht, kann er doch seine schöne Sklavin mal richtig vorführen. Also ordnet er an, dass Julia mit ihm zum Fest zu gehen habe, und verlangt sogar, sie solle vor den fremden Männern tanzen. Doch Julia lehnt brüsk ab. Und als Eusebius ihr mit dem Tod droht, soll sie ihn sogar ausgelacht haben. Der Kaufmann wird daraufhin unglaublich zornig. Er lässt zwei andere Sklaven kommen, die Julia zunächst die langen dunklen Haare büschelweise vom Kopf reißen müssen. Anschließend lässt er sie grausam foltern und schließlich kreuzigen. Die Legende berichtet weiter, dass nach der Kreuzigung ihre Seele in Gestalt einer Taube ihrem Körper entstiegen sein soll.

Ihr Gedenktag ist der 22. Mai.

Der Name Julia bedeutet „aus der Sippe der Julier stammend" oder auch „die Schöne". In der alten Sprache Aramäisch steht der Name für „die von Gott Geliebte".

Justinus

1. Juni
Justin, Justine, Justina, Justus

Justinus stammt aus einer heidnisch-römischen Familie, die zu Beginn des zweiten Jahrhunderts im heutigen Palästina lebt. In seiner Jugend studiert er Philosophie, insbesondere die Schriften Platons, lernt verschiedene philosophische Schulen, Ansichten und Lehrer kennen und hat doch immer das Gefühl, dass in seinem Leben etwas Wichtiges fehlt. All das Wissen, das er in sich aufsaugt wie ein Schwamm, all die berühmten Lehren und Weisheiten hinterlassen in ihm nur ein Gefühl der Unzufriedenheit.

Eines Tages aber wird er von einem alten Mann auf die frohe Botschaft von Jesus Christus aufmerksam gemacht. Justinus ist von da an wie elektrisiert: Er liest alles, was er über diese neue Lehre finden kann, spricht mit vielen gläubigen Christen und lässt sich schließlich sogar taufen.

Justinus wird Prediger und Missionar und einer der ersten großen Theologen. Er verfasst insbesondere so genannte Apologien, also Bücher, die gegenüber Zweiflern und Gegnern die Richtigkeit der christlichen Lehre bekräftigen.

In Rom findet Justinus nach langer Wanderschaft endlich eine Heimat und gründet eine Schule. Als Kaiser Marc Aurel dort an die Macht kommt, beginnt für die Christen eine schwierige Zeit. Marc Aurel hält sie für eine Sekte, die dem Römischen Reich gefährlich werden könnte, und verfolgt sie mit grausamer Härte.

Lauthals protestiert Justinus gegen diese Christenverfolgungen. Zusammen mit seinen sechs Lieblingsschülern Chariton, Charito, Euel-
pistos, Hierax, Paion und Liberianus wird er daraufhin verhaftet,
eingesperrt und schließlich enthauptet.
Der Name Justin(us) bedeutet „der Gerechte".
Der Gedenktag für ihn ist der 1. Juni. Justinus gehört zu den Kirchen-
vätern und ist der Patron der Philosophen.

Karl

4. November
Carel, Carlo, Carola, Carolina, Caroline, Carolin, Carla,
Charles, Charly, Charlotte, Karel, Karla, Karl-Heinz, Karola,
Karolin, Karolina, Karoline

Karl Borromäus wird als Carlo Borromeo in Italien, in der Nähe des Lago Maggiore, geboren. Er ist der Sohn einer einflussreichen adligen Familie. Schon mit zwölf Jahren wird er zum Abt der Benediktinerabtei von Arona ernannt – auf dieses Amt hat die Familie einen Anspruch, den sie auch ohne Rücksicht auf das jugendliche Alter Carlos wahrnimmt, denn so ein Amt ist auch mit erheblichen Einkünften verbunden. Im Alter von 14 Jahren beginnt der hochintelligente Junge ein Jurastudium, das er später mit Auszeichnung abschließt.

Karls Onkel ist Papst Pius IV. Er holt seinen Neffen nach Rom und macht den gerade mal 21-Jährigen zu seinem Geheimsekretär. Sein vorbildlicher Lebenswandel und seine Pflichterfüllung in diesen hohen Ämtern werden stets gelobt. Denn Karl ist kein eingebildeter Würdenträger – er bemüht sich, stets ein Vorbild für andere zu sein. Nach dem Tod seines geliebten Bruders Federico entschließt sich Karl, Priester zu werden, und wird 1563 geweiht. Wenig später erhält er schon die Weihe zum Bischof, wird Kardinal und Erzbischof von Mailand.

Eine beachtliche Karriere. Auch als Kardinal bleibt Karl bescheiden und lebt asketisch. Das bedeutet: Er gönnt sich keinen Luxus, will

keine Vorzugsbehandlung und wirbt bei den Geistlichen für ein ein-
faches Leben. Bei den Reisen durch sein Bistum beeindruckt seine
vorbildliche Lebensführung die Menschen.
Zur Schulung der Priester und Laien gründet Karl mehrere Seminare
und Lehreinrichtungen. Besonders liegt ihm aber der Religionsunter-
richt der Kinder am Herzen. Wo immer es möglich ist, setzt er sich
dafür ein.

Allerdings ist es damals nicht gerade üblich, dass ein Mönch einfach
und bescheiden lebt. Und Karls ständiges Mahnen und sein gutes
Beispiel machen ihm keineswegs nur Freunde, sondern bescheren
ihm viele Feinde. Wie durch ein Wunder entgeht er einem Mordver-
such, die Kugel verfehlt ihn nur haarscharf.

Während der großen Pest von Mailand in den Jahren 1576 bis 1578 rettet er zahlreiche Menschen vor dem Hungertod – durch ein von ihm selbst ausgeklügeltes System der Lebensmittelverteilung. Doch er selbst ist sich auch nicht zu fein, selbst zu Kranken und Sterbenden zu gehen und sie zu pflegen und zu trösten. Dadurch aber wird seine eigene Gesundheit stark angegriffen.

Mit nur 46 Jahren stirbt Karl an einem Fieberanfall, den sein von der unermüdlichen Arbeit geschwächter Körper nicht überwinden kann. „Herr, ich komme", sind seine letzten Worte. Eine riesige Menschenmenge begleitet ihn zur letzten Ruhe im Mailänder Dom.

Der Name Karl bedeutet so viel wie „der Held".

Er ist der Patron des Bistums Lugano, der Universität Salzburg, der Seelsorger und der katholischen Büchereien. Sein Gedenktag ist der 4. November.

Carl von Ossietzky

4. Mai

Ein anderer berühmter Carl wird am 3. Oktober 1889 in Hamburg geboren. Carl von Ossietzky engagiert sich schon als Teenager für Frieden und Demokratie und wird während des Ersten Weltkriegs wegen „Beleidigung der Militärgerichtsbarkeit" zu einer Geldstrafe verurteilt. Doch Carl kann seine Abneigung gegen alles Militärische trotzdem nie unterdrücken und diese Abneigung wird noch stärker, als er von 1916 an zwei Jahre lang als Soldat an die Westfront muss.

Nach dem Krieg wird Carl von Ossietzky ein äußerst kritischer Journalist. Als Chefredakteur der Zeitschrift „Weltbühne", die in Deutschland viel gelesen wird, nutzt er jede Gelegenheit, sich für die Demokratie und gegen die Wiederaufrüstung einzusetzen. Als die Nazis an die Macht kommen, ist ihnen dieser mutige Mann sofort verdächtig. Später verhaften sie Carl von Ossietzky und werfen ihn ins Gefängnis. Aber das Engagement des deutschen Kriegsgegners ist im Ausland längst bekannt. Mit der Verleihung des Friedensnobelpreises 1935 soll sein Einsatz für den Frieden öffentlich gewürdigt werden. Weil aber der Inhaftierte seinen Preis nicht persönlich entgegennehmen kann, ist die Preisverleihung für die Nazis ziemlich peinlich. Denn dadurch erfährt alle Welt, dass dieser tapfere, kluge Mann wegen Widerstands gegen die Nazis im Gefängnis sitzt.

Am 4. Mai 1938 stirbt Carl von Ossietzky in einem Berliner Krankenhaus an den Folgen der Lungenkrankheit Tuberkulose.

Katharina von Siena

29. April

Carina, Carmen, Carmina, Catherina, Catherine, Kathrin, Karen, Karin, Katherine, Katja, Nina, Nine

Katharina von Siena ist wahrscheinlich eine der wichtigsten Frauen der Kirchengeschichte. Als sie im Jahr 1347 geboren wird, herrscht in Italien Chaos. Der Papst hat sein Ansehen in der Bevölkerung verloren und seinen Regierungssitz notgedrungen von Rom in die französische Stadt Avignon verlegt. Außerdem herrscht Krieg zwischen vielen italienischen Städten und das einfache Volk leidet. Viele Männer sterben als Soldaten in sinnlosen Kämpfen, viele Kinder müssen hungern, weil die Felder nicht bestellt werden und es deshalb nichts zu essen gibt. In diese schreckliche Zeit wird Katharina als 24. Kind – selbst für damalige Verhältnisse hat sie sehr viele Geschwister – hineingeboren. Bald stellt sich heraus, dass Katharina etwas Besonderes ist. Sie ist nicht nur hübscher, sondern auch viel klüger als die meisten anderen Kinder und so glauben ihre Eltern, dass sie einmal gute Chancen haben wird, ein besseres Leben zu führen. Deshalb wollen sie ihre Tochter auch schon mit zwölf Jahren mit einem reichen Tuchhändler verheiraten. Katharina jedoch weigert sich, was ihr die Eltern sehr übel nehmen. Sie muss sogar ihr Elternhaus verlassen und als Dienstmädchen in fremden Adelshäusern arbeiten.

Im Alter von 18 Jahren tritt sie in das Kloster der Dominikanerinnen ein. Dort wird sie schnell bekannt, denn zum einen ist sie stets

freundlich, zum anderen hat aber auch ihr sprühender Verstand für
beinahe jedes Problem eine Lösung. Könige und Fürsten, Bischöfe
und Kardinäle kommen mit den Jahren in das kleine Kloster, um
Katharina um Rat zu fragen. Schließlich ist es ihr zu verdanken,
dass der Papst nach Rom zurückkehren kann.
Katharina stirbt im Alter von 33 Jahren in Rom.
Ihr Todestag ist der 29. April und dies ist auch ihr Gedenktag.
Der Name Katharina stammt aus dem Griechischen und bedeutet
„die Reine".

Katharina (Kira) Tebakwitha

17. April

Kira, Kyra, Kyrilla, Kim, Kimberly, Kimball, Kinga

Katharina Tebakwitha wird 1656 im Norden der heutigen USA geboren. Nach dem frühen Tod ihrer indianischen Eltern findet sie ein Zuhause bei Verwandten, die ihr den Namen Katharina geben. Ihre Freundinnen und ihre liebevollen Pflegeeltern nennen sie meistens Kira oder Kyrilla – nach ihrem Tod wird sie auch als Kim Tebakwitha verehrt. Obwohl sie bildschön ist und viele Bewerber um ihre Hand anhalten, lehnt sie eine Heirat ab.

Als 20-Jährige wird sie von einem Jesuitenpater getauft und schließt sich einer Missionsstation der Jesuiten bei Montreal in Kanada an. Dort führt sie ein bescheidenes und zurückgezogenes Leben.

Nach ihrem Tod im Jahr 1680 ereignen sich in der Umgebung viele Wunder und Heilungen. So soll ein kleiner Junge mit hohem Fieber, dem kein Arzt helfen konnte, ihr Gesicht am Fenster gesehen haben. Kira habe ihm zugelächelt, erzählt er am nächsten Tag, als das Fieber weg und er wieder quicklebendig ist.

Kiras Gebeine sind im Reservat Caughnawaga der Mohawk-Indianer aufbewahrt. Die „Lilie der Mohawks", wie sie von ihrem Volk genannt wird, ist die erste Indianerin, die selig gesprochen wurde.

Ihr Gedenktag ist der 17. April.

Kevin

3. Juni

Viele Menschen, die heute Ferien in Irland machen, besichtigen die Ruinen des uralten Klosters Glendalough. Es steht am Ufer des Flusses Shannon und wurde einst um das Jahr 550 von einem Mann namens Kevin gegründet.

Dieser Kevin von Wicklow ist ein frommer Christ, der eines Tages eine Wallfahrt nach Rom unternimmt. Obwohl er aus adeligem Haus stammt und eigentlich das Land seiner Familie eines Tages erben soll, entschließt er sich nach der Rückkehr von seiner Reise, sein Leben Gott zu weihen und Priester zu werden.

Später wird er Abt des von ihm gegründeten Klosters Glendalough südlich von Dublin und danach zum Bischof ernannt.

Er soll im hohen Alter von 120 Jahren am 3. Juni 618 gestorben sein. Damit gilt er lange Zeit als der älteste Mensch, der je in Irland gelebt hat.

Wie bei vielen Heiligen gibt es auch bei Kevin eine Legende, von der heute niemand mehr weiß, ob sie sich so oder so ähnlich zugetragen hat. Sie erzählt, dass Kevin ein auffallend hübscher junger Mann war. Viele junge Frauen sollen sich für ihn interessiert haben. Doch Kevin hat sich längst für ein Leben im Kloster entschieden. Daraufhin bedrängt ihn eine der jungen Frauen namens Kathleen so sehr, dass er vor ihr in die Berge Irlands flieht.

Doch auch dort findet ihn Kathleen. Blind vor Liebe stürzt sie sich auf ihn. Bei diesem Gerangel fällt die Frau von einem Felsen ins Meer und ertrinkt. Vor lauter Schuldgefühl darüber soll sich Kevin zunächst als Eremit zurückgezogen und erst später Anhänger um sich gesammelt haben, die mit ihm gemeinsam in Glendalough ein Kloster und sieben Kirchen gegründet haben.

Der 3. Juni ist der Gedenktag Kevins.

Er ist der Patron der irischen Hauptstadt Dublin. Der Name Kevin bedeutet „der von Geburt an Hübsche".

Klara von Assisi

11. August

Chiara, Clara, Clare, Claire, Clarissa, Klarissa, Klärchen

Klara wird 1193 geboren. Sie stammt aus der adeligen Familie Offreduccio von Assisi. Schon vor ihrer Geburt hat ihre Mutter einen Traum, in dem ihr angezeigt wird, dass ihre Tochter später mal eine besondere Rolle spielen wird. Doch zunächst gibt die Mutter wenig auf diesen Traum und versucht der heranwachsenden Tochter lieber eine standesgemäße Heirat zu arrangieren. Aber da hat sie die Rechnung ohne die zarte Klara gemacht. Diese nämlich ist eine Anhängerin des Franziskus, der zu dieser Zeit als Prediger wirkt und sie stark beeindruckt.

Im Alter von 18 Jahren flieht Klara aus ihrem Elternhaus. Zusammen mit Franziskus geht sie in eine Kirche, wo ihr Franziskus feierlich die Haare abschneidet und sie in ein grobes Bußgewand kleidet. Klara legt vor ihm die Gelübde von Armut, Keuschheit und Gehorsam ab. Durch ihren kahl geschorenen Kopf macht sie ihrer Familie klar, dass es für sie kein Zurück mehr gibt. Schließlich lassen ihre Eltern sie ziehen.

Franziskus gründet für Klara, ihre Schwester und weitere Gefährtinnen nun den „Zweiten Orden der Armen Frauen" als den weiblichen
Zweig der Franziskaner. Die Benediktiner von San Angelo überlassen
ihnen das Kirchlein San Damiano, wo Klara als Äbtissin der sich rasch
vermehrenden klösterlichen Gemeinschaft vorsteht. Ihre Schwester
Beatrice folgt ihr schließlich ebenso dorthin wie ihre Mutter.
Die schon als Kind kränkliche Klara ist ab 1224 ganz ans Bett gefesselt. Doch obwohl sie so schwach ist, dass sie nicht mehr aufstehen
kann, leitet sie ihren sich in mehreren Klöstern ausbreitenden
Orden ebenso geschickt wie energisch.

Tiefe Frömmigkeit, Geduld und Nächstenliebe – das sind ihre wichtigsten Eigenschaften. Zahlreiche wunderbare Heilungen soll sie vollbracht haben.

Als 1240 und noch einmal 1241 die Stadt Assisi von den Sarazenen belagert wird, die schon die Mauer ihres Klosters erstiegen hatten, lässt sich die schwer kranke Klara vor das Tor tragen, hält den Angreifern die Bibel entgegen und betet so laut und intensiv, dass die Angreifer sich einfach nicht weiter wagen.

Klara stirbt am 11. August 1253.

Der 11. August ist auch ihr Gedenktag und ihr Name, der aus dem Lateinischen stammt, bedeutet „die Leuchtende".

Sie ist Patronin der Stadt Assisi; angerufen wird sie gegen Fieber und Augenleiden.

Laura

22. Januar
Laurina, Laurencia, Laurentia

Laura Vicuña stammt aus einer der angesehensten Familien Chiles, einem Land in Südamerika. Die Eltern fliehen mit ihrer kleinen Tochter wegen eines Bürgerkriegs in ein kleines Dorf hoch oben in der Bergwelt der Anden. Hier stirbt 1893 völlig unerwartet Lauras Vater. Die Mutter steht mittellos und allein da und erwartet auch noch ein zweites Kind. Kurz darauf kommt Lauras Schwester zur Welt.

Mit ihren beiden Töchtern schlägt sich die Mutter nun nach Argentinien durch, wo sie von einem Bauern namens Manuel Mora aufgenommen wird und mit dem sie später zusammenlebt. Weil vor allem Laura gegen diese „wilde Ehe" ist, übergibt die Mutter ihre Töchter im Jahr 1900 den Don-Bosco-Schwestern zur Erziehung, die in der kleinen Gemeinde Junin de los Andes ein Kloster führen. Hier fühlen sich die beiden Schwestern sehr wohl. Aber immer wenn sie die Mutter besuchen, werden sie von Manuel Mora bedrängt und misshandelt. Er mag die beiden Mädchen nicht, weil sie nicht seine eigenen Töchter sind. Laura jedoch sagt ihrer Mutter nichts von den Gemeinheiten ihres Lebensgefährten, weil sie sie nicht traurig machen will. Sie hofft darauf, dass Gott ihrer Mutter die Augen öffnen wird, und bietet in ihren Gebeten sogar ihr eigenes Leben für die Bekehrung der Mutter an. Das ist im Jahr 1902 und tatsächlich erkrankt sie wenige Monate später und stirbt gut ein Jahr danach.

Der 22. Januar ist Lauras Todes- und Gedenktag.

Ihr Name bedeutet „die Lorbeergeschmückte" und in Chile ist sie die Patronin der Mütter und Töchter. 1988 ist Laura Vicuña von Papst Johannes Paul II. selig gesprochen worden.

Laurentius

10. August
Laurin, Laurens, Lars, Lasse, Lorenz

Laurentius lebt im dritten Jahrhundert in Rom. Er ist ein Diakon, das heißt, er hilft den Priestern bei der Arbeit, unterrichtet Kinder im Glauben und versucht die Armen zu unterstützen. Außerdem ist Laurentius ein treuer Freund des Papstes Sixtus II. Als Kaiser Valerian diesen festnehmen lässt, ist Laurentius verzweifelt. Der Kaiser braucht wieder einmal Geld, um sein Militär aufzurüsten, und von Sixtus verlangt er deshalb, dieser solle ihm die Schätze und alles Geld der christlichen Gemeinschaft herausgeben. Sixtus jedoch weigert sich, er will einfach nicht verraten, wo das Gold und Silber versteckt liegen. Da wird der Kaiser so zornig, dass er den widerspenstigen Papst zum Tode verurteilt.

Auf dem Weg zum Hinrichtungsort wird Sixtus von dem weinenden Laurentius begleitet, der sogar darum bittet, ebenfalls enthauptet zu werden. Doch als Sixtus noch einen letzten Wunsch äußern darf, wünscht er nur ein kurzes Gespräch mit Laurentius. Dieser Wunsch wird ihm erfüllt und Sixtus verrät Laurentius flüsternd, wo der Kirchenschatz versteckt ist.

So holt Laurentius nach der Hinrichtung seines Freundes das ganze Gold und Silber, Münzen und Juwelen aus ihrem Versteck und verteilt alles unter den armen Christen der Stadt. Darum hatte ihn Sixtus gebeten. Als der Kaiser von der Verteilungsaktion erfährt, wird er so wütend, dass er nun auch Laurentius hinrichten lässt.

Sein Todestag ist der 10. August 258. Der 10. August ist auch der Gedenktag des Laurentius.

Er ist der Patron der Schüler und Studenten und der Stadtpatron von Rom. Außerdem gilt er als Schutzpatron für alle Berufe, die mit Feuer zu tun haben, und wird gegen Brandwunden, Fieber und Hexenschuss um Hilfe gebeten. Der Name Laurentius bedeutet „der Lorbeergeschmückte".

Leo

10. November
Leon, Leonhard, Leonidas, Lennard, Lennart,
Leona, Leonie, Leopold

Leo ist Papst in Rom. Er lebt in einer Zeit, in der innerhalb der Kirche harte Auseinandersetzungen und Machtkämpfe um den rechten Glauben toben. Leo ordnet die Kirche in vielen Bereichen deshalb völlig neu.

Leo ist aber nicht nur ein Kirchenpolitiker, sondern auch ein mutiger Mann. Im Jahr 452 reist er den einmarschierenden Hunnen unter Attila entgegen, um einen Angriff auf Rom und die Plünderung der Stadt zu verhindern.

In der Stadt Mantua soll er vor dem berühmten und wilden Hunnen-
könig Attila so stolz und mit solcher Würde aufgetreten sein, dass
dieser glaubte, neben Leo auch Paulus und Petrus mit gezückten
Schwertern stehen zu sehen.

Spürbar eingeschüchtert befiehlt Attila den Rückzug seines Heeres
und so wird Rom vor Zerstörung und Plünderung gerettet.

Drei Jahre später steht Rom erneut vor dem Untergang. Diesmal
sind die Vandalen im Anmarsch: Der Kaiser ist bereits gefallen, das
römische Militär geflohen und Rom praktisch wehrlos. Leo tritt nun
auch den Vandalen entgegen. Er kann zwar die Plünderung der
Stadt nicht verhindern, aber immerhin verhandelt er so geschickt,
dass den Einwohnern kein Leid zugefügt wird. So gilt Leo als der
Retter Roms und wird schon zu Lebzeiten hoch verehrt.

Leo stirbt am 10. November 461 in Rom.

Sein Name bedeutet aus dem Lateinischen übersetzt „der Löwe".

Sein Grab befindet sich im Petersdom. Er ist der Schutzpatron der
Sänger, Musiker und der Orgelspieler.

Lukas

18. Oktober

Luca, Lucas, Luka, Lucia, Lucius, Lucian, Lucie, Lucy

Lukas lebt in Antiochia, an der Südwestküste der heutigen Türkei. Dorthin sind in den ersten 20, 30 Jahren nach Jesu Kreuzigung viele Christen geflohen, denn in Jerusalem und Umgebung werden sie verfolgt. Lukas, damals ungefähr 15 Jahre alt, spricht viel mit den Neuankömmlingen und entdeckt in diesen Gesprächen auch für sich selbst den Glauben an Jesus Christus. Gleichzeitig studiert er Medizin und wird ein beliebter und geschickter Arzt.

Als der Apostel Paulus auf einer Missionsreise durch Antiochia kommt, schließt sich ihm Lukas an. Er folgt ihm nach Jerusalem und Rom und verbringt 17 Jahre mit Paulus. In dieser Zeit lernt er viel aus der Apostelgeschichte und verfasst schließlich ein Evangelium. Dabei ist ihm vor allem die menschliche Seite Jesu wichtig. Lukas beschreibt die Wundertaten, die Christus tat, und die Leiden der Menschen, denen Jesus begegnete, so deutlich wie kein anderer Evangelist.

Lukas soll 84 Jahre alt geworden sein – für die damalige Zeit ein unvorstellbar hohes Alter. Er stirbt in Griechenland und gilt heute als Patron der Ärzte, Künstler und Buchbinder. Er ist auch der Schutzheilige der Metzger!

Magdalena

22. Juli
Magda, Madeleine, Lena, Leni, Marlene

Maria Magdalena stammt aus der Stadt Magdala am Westufer des Sees Genezareth. Sie gehört zu den wichtigsten Menschen im Leben Jesu. Die Bibel erzählt, dass Jesus sie von den „Dämonen" geheilt habe – damit bezeichnet man früher eine Geisteskrankheit, von der man nicht weiß, woher sie kommt und wie sie zu behandeln ist. Heute vermutet man, dass Maria Magdalena an Depressionen gelitten hat.

Nach der Begegnung mit Jesus sieht die Welt für Maria Magdalena ganz anders aus, die dunklen Wolken in ihrem Kopf haben sich verzogen. Voller Dankbarkeit folgt sie ihm von nun an überallhin und sorgt für Jesus und seine Jünger. Sogar in seiner schwersten Stunde ist sie bei ihm: Sie begleitet ihn, als er das Kreuz tragen muss, und ist bei ihm, als er den Tod für die Menschen erleidet.

Die Bibel erzählt, dass sie zusammen mit zwei anderen Frauen den Leichnam Jesu mit einem duftenden Öl einreiben wollte, doch als sie zum Grab kommt, ist dieses leer. Sie weint, weil sie glaubt, die Römer hätten den Leichnam gestohlen und verbrannt. Während sie weinend dasitzt, erblickt sie einen Mann, der wie ein Gärtner aussieht. Sie fragt ihn, ob er wisse, wo der Leichnam Jesu ist, doch er antwortete nur mit ihrem Namen: „Maria." Da sieht sie plötzlich ganz klar und erkennt Jesus. Somit ist Maria Magdalena diejenige, die als Erste das Wunder der Auferstehung erleben durfte.

Der Name Magdalena bedeutet „die aus Magdala Stammende" und sie wird als Patronin der Friseure und Weinhändler verehrt. Ihr Gedenktag ist der 22. Juli.

Marcel

16. Januar und 19. März

Marcellus, Marcella, Marcellan, Marcelina, Marcello, Marcellus

Marcel Callo stammt aus einer frommen kinderreichen Familie in der französischen Stadt Rennes. Nach der Schule macht er eine Lehre als Buchdrucker, außerdem ist er Ministrant und Mitglied bei den Pfadfindern, später engagiert er sich bei der christlichen Arbeiterjugend.

Nach der Besetzung Frankreichs durch die Deutschen verhilft Marcel vielen Franzosen, die zur Zwangsarbeit abkommandiert sind, zur Flucht in die freie Zone des Landes.

Am 19. März 1943 lässt er sich selbst freiwillig zur Zwangsarbeit nach Deutschland abtransportieren. „Ich fahre als Missionar, um anderen zu helfen durchzuhalten", sagt er seinen besorgten Eltern. Im Arbeitslager Zella-Mehlis in Thüringen sammelt er gefangene Landsleute zum Gottesdienst und wird für sie Krankenpfleger, Chorleiter und Verkünder der christlichen Botschaft. Wegen seines religiösen Einsatzes unter den Kameraden verhaftet ihn die Geheimpolizei am 19. April 1944. „Durch seine katholische und religiöse Aktion hat er sich als Schädling für die Regierung der nationalsozialistischen Partei und für das Heil des deutschen Volkes erwiesen", so lautet die Anklage. Nach mehr als fünf Monaten Haft in Gotha werden die Konzentrationslager Flossenbürg und Mauthausen die letzten Stationen seines Lebens. Dort stirbt er an den Folgen von Entbehrungen und Misshandlungen.

1987 wurde Marcel Callo durch Papst Johannes Paul II. selig gesprochen. Marcels Gedenktag ist der 19. März.

Namenstag können diejenigen, die Marcel heißen, aber auch am 16. Januar feiern, denn dies ist der Gedenktag des Papstes Marcellus I., der um das Jahr 300 ein Opfer der Christenverfolgung in Rom wurde und als Märtyrer starb.

Margareta

20. Juli

Margarete, Margarethe, Margit, Margitta, Marina, Marita,
Margot, Margret, Margrit, Rita

Die heilige Margareta ist die Tochter eines Adligen im heutigen Griechenland. Von ihrem Kindermädchen wird sie heimlich im christlichen Glauben erzogen. Als ihr Vater erfährt, dass seine geliebte Tochter eine Christin geworden ist, jagt er sie von zu Hause fort. In der Stadt Antiochia versucht der dort regierende Bürgermeister die schöne Frau vom Christentum abzubringen: Er hat sich in Margareta verliebt und will sie heiraten. Doch Margareta hat überhaupt kein Interesse an ihm. Längst hat sie sich entschieden, Christus allein zu lieben und ihm ihr Leben zu weihen. Der Bürgermeister aber ist es nicht gewohnt, einfach zurückgewiesen zu werden. Er lässt die junge Frau einsperren und sogar foltern. Die Legende erzählt, dass eines Nachts eine Art Drachen in Margaretas Verlies erscheint und sie töten will. Mit letzter Kraft jedoch macht diese das Kreuzzeichen und besiegt ihn damit. Ob Margareta dieses Ereignis nur geträumt hat, ist ihr selbst nicht so ganz klar. Doch eines ist für alle sichtbar: Am nächsten Tag sind alle ihre Folterwunden verheilt. Da bekommt es der Bürgermeister mit der Angst zu tun, diese Frau ist ihm einfach unheimlich. Nach weiteren schlimmen Folterungen, die Margareta mit großer Tapferkeit über sich ergehen lässt, ordnet er die Hinrichtung an. Noch kurz vor ihrer Enthauptung betet Margareta um Verzeihung für ihre Feinde.

Margareta hat im 4. Jahrhundert gelebt. Ihr Gedenktag ist der 20. Juli. Ihr Name bedeutet „die Perle".
Sie ist einer der 14 Nothelfer. Viele Kirchen sind ihr geweiht und sie ist die Patronin der Schwangeren, der Hebammen und der Bauern.

Maria

8. und 12. September, 8. Dezember
Marie, Marianna, Marianne, Marielle, Marilis, Marietta,
Marika, Marike, Marion, Miriam, Myriam, Mirjam, Maja, Maya,
Mareike, Marlies, Mia, Mary, Marylin, Maike, Meike

Die heilige Maria ist die wohl berühmteste und am meisten verehrte Frau der Welt und der ganzen Christenheit. Sie ist die Tochter von Anna und Joachim und wird in Jerusalem geboren. Die Bibel rühmt sie als bescheiden und zurückhaltend. Maria ist mit dem Zimmermann Josef verlobt. Eines Tages erscheint der gläubigen jungen Frau der Erzengel Gabriel. Er sagt ihr, dass sie bald einen Sohn haben werde, dem sie den Namen Jesus geben soll. Maria erschrickt, denn sie ist schließlich noch nicht verheiratet und kann sich deshalb nicht vorstellen, wie sie schon Mutter werden soll. Aber der Engel beruhigt sie mit den Worten, dass für Gott nichts unmöglich ist.

Auch ihrem Verlobten Josef, der erst mal ziemlich traurig ist, als er Marias Schwangerschaft bemerkt, erscheint ein Engel, um ihn zu beruhigen und ihm zu erklären, dass Gott selbst Maria als Mutter seines Sohnes auserwählt hat.

Josef erkennt seinen Auftrag. Er heiratet Maria und kümmert sich liebevoll um seine schwangere Frau. Schließlich bringt Maria im Stall von Bethlehem den kleinen Jesus zur Welt.

Nach der Geburt des Kindes muss die kleine Familie aber erst mal nach Ägypten fliehen, um Gottes Sohn und seine Mutter zu retten. Der grausame König Herodes hatte durch die Heiligen Drei Könige

von der Ankunft des Heilands erfahren und fürchtete um seine Macht und seinen Thron. Also lässt er auf der Suche nach dem neugeborenen König der Juden alle kleinen Kinder töten.

Erst nach Herodes' Tod können die drei in Josefs Heimatstadt Nazareth zurückkehren. Dort läuft das Leben im Haus des Zimmermanns recht beschaulich ab. Die Eltern haben viel Freude an ihrem Sohn Jesus.

In der Bibel wird dann auch beschrieben, wie Maria eines Tages ihren Sohn sucht und den gerade mal Zwölfjährigen im Tempel bei den Gelehrten von Jerusalem findet. Spätestens jetzt ist ihr klar, dass dieses Kind ihr niemals alleine gehören wird – an den Sohn Gottes darf sie sich nicht klammern.

In der Folgezeit kommt Maria in der Bibel noch an zwei wichtigen Stellen vor. Bei der Hochzeit zu Kanaan setzt sie ihr ganzes Vertrauen in ihren Sohn, der Wasser in Wein verwandelt und somit den Gastgebern eine Blamage erspart. Außerdem ist Jesu Mutter auch bei der Kreuzigung ihres geliebten Sohnes dabei. Dort wendet sich Jesus noch einmal an sie und seinen Jünger Johannes und bittet beide, dass sie sich umeinander kümmern sollen. Denn er will nicht, dass diese Menschen, die er so geliebt hat, nach seinem Tod alleine bleiben. Sie sollen sich gegenseitig trösten und Halt geben.

Insgesamt feiert die Kirche 17 verschiedene Marienfeste.

Marias Namenstag wird außer an „Maria Namen" (12. September) auch an „Maria Geburt" (8. September) und „Maria Empfängnis" (8. Dezember) gefeiert.

Der Name Maria heißt „die Gott Liebende".

Maria Montessori

6. Mai

Eine andere berühmte Maria ist auch Maria Montessori. Sie wird am 31. August 1870 in Chiaravalle bei Ancona (Italien) in der Nähe Roms geboren. Die energische und kluge junge Frau ist mit 22 Jahren die erste Medizinstudentin Italiens. Vorher hat sie schon Naturwissenschaften studiert. Sie beendet ihr Medizinstudium im Juli 1896 mit der Promotion (dem Doktortitel) und wird auch die erste Ärztin Italiens.

Zunächst arbeitet sie als Assistenzärztin an der Psychiatrischen Universitätsklinik in Rom eine Zeit lang mit geistig behinderten Kindern, wird dann Dozentin am Ausbildungsinstitut für Lehrerinnen in Rom und später Leiterin eines medizinisch-pädagogischen Instituts zur Erziehung behinderter Kinder.

1907 eröffnet Maria Montessori die „Casa dei bambini", ihr erstes „Kinderhaus" in San Lorenzo, einem Arbeiterviertel in Rom. Das Kinderhaus ist eine Mischung zwischen Kindergarten und Schule. Vor allem arme Eltern, die das Schulgeld nicht bezahlen können, schicken ihre Kinder gerne dorthin. Dr. Maria Montessori arbeitet ganz anders mit den ihr anvertrauten Kindern, als man das früher gemacht als. Lehren und Lernen gehört für sie zusammen. Ihre Erfahrungen fasst sie in ihrem Buch „Die Entdeckung des Kindes" zusammen, das auch heute noch von Erziehern gelesen wird.
„Hilf mir, es selbst zu tun", ist einer der Kernsätze ihrer Erziehung. Ihre Methode ist eigentlich ganz einfach. Sie beobachtet Kinder und

ihr Verhalten ganz genau und macht sich vor allem darüber Gedanken, warum sich Kinder langweilen und wie man das verhindern
kann. Dadurch findet sie heraus, dass Kinder dann am klügsten
werden, wenn ihr Gehirn angeregt und beschäftigt wird. In unsere
heutige Zeit übertragen bedeutet das, dass ständiges Herumsitzen
vor dem Fernseher für das Gehirn wohl nicht viel bringt – wenn man
dagegen liest oder spielt, ist das wesentlich sinnvoller.

Nach einem ausgefüllten Leben, das beinahe ausschließlich den Kindern gewidmet ist, stirbt die große Freundin aller Kinder am 6. Mai
1952 in ihrem Wohnort Noordwijk aan Zee in den Niederlanden.

Mario

31. Dezember
Marinus, Marius, Marino, Marina, Marian

Mario wird um das Jahr 500 geboren und ist Bischof von Lausanne in der Schweiz. Neben der Betreuung seines Bistums widmet sich der vielseitige Mann verschiedenen Beschäftigungen und Hobbys. So verfasst er eine für seine Zeit äußerst zuverlässige Chronik, in der er viel Wissenswertes über die damalige Zeit und ihre Menschen aufschreibt. Außerdem sorgt der geschickte Goldschmied eigenhändig für die Verschönerung seiner Kirchen.

Um mehr für die Armen tun zu können, wird der Bischof zum Bauern und baut Roggen und Weizen an. Von seiner Ernte lässt er Brot backen, das er an die Bedürftigen in seinem Bistum verschenkt.

Bischof Mario stirbt am 31. Dezember 594 und wird in Lausanne beigesetzt. Der 31. Dezember ist sein Gedenktag.

In der Schweiz ist er der Patron der Goldschmiede.

Markus

25. April

Marco, Marcus, Mark, Marcos

Das Leben des heiligen Markus ist direkt mit dem von Jesus Christus verknüpft. Denn im Haus seiner Mutter hat Jesus mit seinen Jüngern sein letztes Abendmahl gehalten. Davon ist Markus so beeindruckt, dass er sich nach Jesu Auferstehung taufen lässt. Da er aber nie zu den Jüngern Jesu gehört hat, hat er die Geschichten, die er von Jesus in seinem Evangelium erzählt, nicht selbst miterlebt.

Als Markus älter wird, geht er als Schüler von Simon Petrus mit ihm nach Rom, hört ihm beim Predigen zu und hilft ihm beim Übersetzen und Dolmetschen. Der junge Mann weiß einfach geschickt mit Wort und Schrift umzugehen. In Rom hat Markus dann auch sein Evangelium geschrieben, das sich auf die Predigten und Erzählungen seines Vorbilds Petrus bezieht. Er hat aufgeschrieben, was Petrus den Menschen von Jesus erzählt hat.

Markus selbst ist ein ruhiger, zurückhaltender und bescheidener Mensch. Erst nach dem Tod seines Lehrers Petrus traut er sich mehr zu, wird selbstständiger und geht schließlich als Missionar des christlichen Glaubens nach Nordafrika. In Ägypten gründet er seine erste Kirche und wird Bischof von Alexandria.

Dort muss er auch für seinen Glauben sterben, denn christenfeindliche Männer überfallen ihn eines Tages, werfen ihm ein Seil um den Hals und lassen ihn von Pferden zu Tode schleifen. Der Grund: Sie haben Angst, dass die Lehre vom einen wahren Gott dem Anse-

hen der alten ägyptischen Götter schaden könnte. Christliche See-
fahrer bringen die sterblichen Überreste des Markus von Alexandria bis nach Venedig, wo sie in der weltberühmten Markuskirche
am Markusplatz beigesetzt sind. In Venedig befindet sich auch das
Denkmal seines Evangelistenzeichens, denn der heilige Markus wird
stets mit dem Zeichen des geflügelten Löwen in Verbindung gebracht. Sogar im Stadtwappen von Venedig ist dieses Symbol vor-
handen.

Markus ist der Patron der Maurer, Notare und Schreiber. Er wird
gegen Blitz und Hagel angerufen und man erbittet von ihm eine
gute Ernte. In Österreich und der Schweiz finden an seinem Gedenktag, dem 25. April, Prozessionen statt, mit denen man Gottes
Segen für die Früchte des Feldes erbitten will.

Martin

II. November

Martina, Martine, Martino, Marvin, Marwin, Tina

Den heiligen Martin kennt eigentlich jedes Kind, denn der Martinstag, an dem man mit Laternen durch den Ort zieht, ist überall bekannt.

Martin ist der Sohn eines römischen Offiziers und wird im Jahr 316 im heutigen Ungarn geboren. Auch Martin wird zum Soldaten erzogen, lernt schon als Kind Fechten und Reiten und tritt mit 15 Jahren in die Armee des Kaisers ein. Eigentlich macht Martin der Soldatenberuf nicht viel Spaß, doch seinem Vater zuliebe strengt er sich stets an, ist mutig, pflichtbewusst und zuverlässig und wird schließlich ebenfalls zum Offizier ernannt.

Als Führer eines kleinen Trupps Soldaten reitet er an einem eiskalten Winterabend auf ein Heerlager in der französischen Stadt Amiens zu. Am Wegesrand sitzt ein halbnackter, blasser und abgemagerter Bettler, der um eine milde Gabe bettelt. Martin hat Mitleid mit dem armen Mann, aber er hat nichts bei sich, was er ihm geben kann. Da denkt er kurz nach, zieht sein Schwert und teilt mit der scharfen Schneide seinen weiten roten Soldatenmantel sauber in zwei Hälften. Die eine Hälfte behält er, die andere wirft er dem Bettler zu, der sich glücklich darin einwickelt – froh, es endlich warm zu haben. Martin hätte diese Begebenheit vielleicht schon bald vergessen, doch in der kommenden Nacht hat er einen seltsamen Traum. Ein Mann erscheint in seinen Gedanken, ein Mann, der sich Jesus Christus

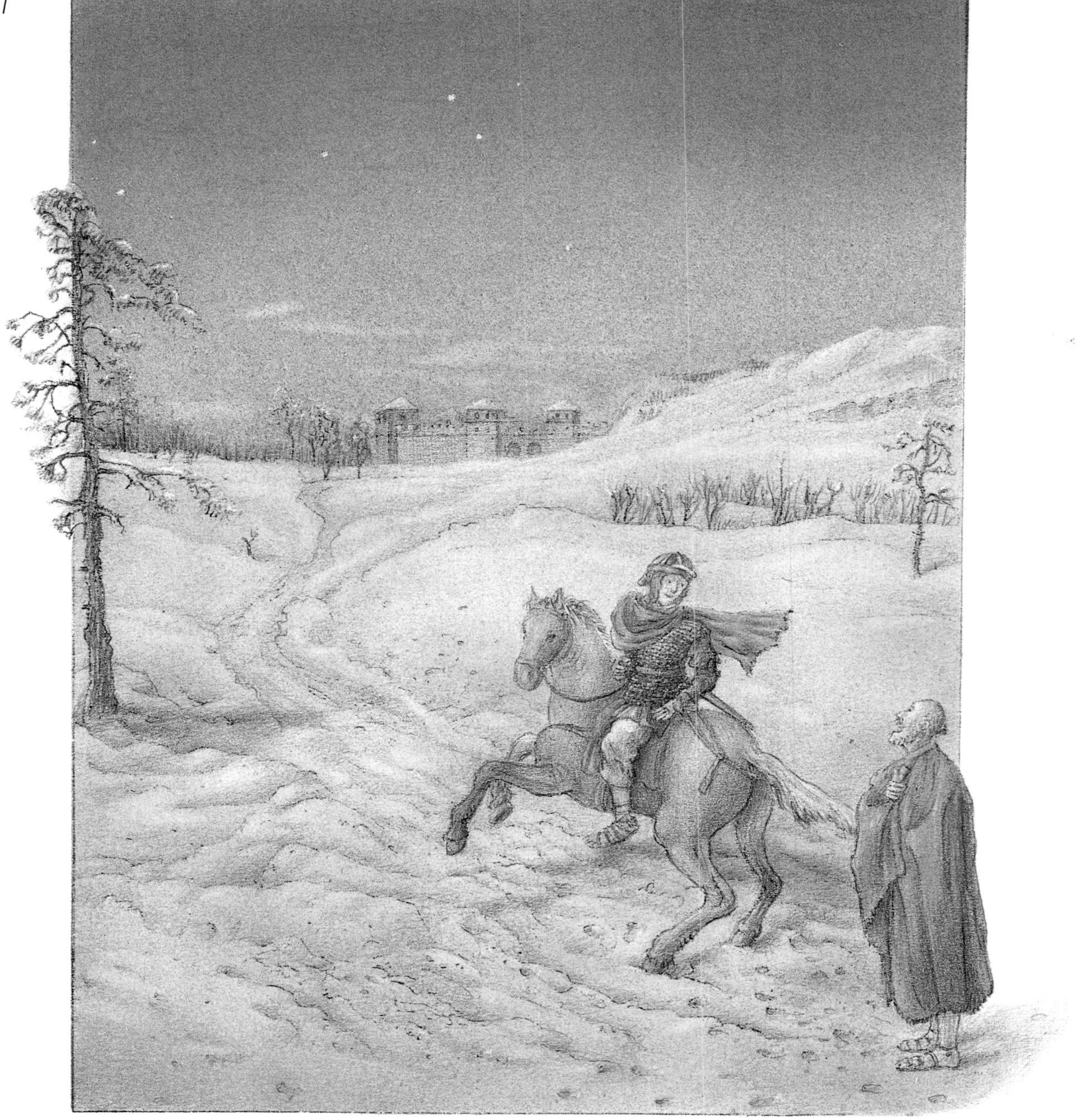

nennt und zu Engeln spricht. Zu den Engeln sagt er: „Der ungetaufte Heide Martin hat mir diesen Mantel gegeben", und er zeigt die Hälfte des roten Soldatenmantels, der vor einigen Stunden noch über Martins Schultern gehangen hat.

Martin erwacht und weiß, dass sein Leben nie mehr so sein wird wie zuvor. Er verlässt die Armee, lässt sich taufen und bekehrt auch seine Mutter zum christlichen Glauben. In Frankreich gründet er ein erstes Kloster, beschäftigt sich mit der Medizin und Heilkunst und kümmert sich um Arme, Kranke und Schwache. Die Menschen verehren ihn wegen seiner Klugheit und seiner Bescheidenheit.

Als man ihn schließlich bittet, Bischof der Stadt Tours zu werden, bekommt es Martin mit der Angst zu tun. Die Aufgabe traut er sich nicht zu, die Verantwortung ist ihm zu groß. Und als der Papst eine Gruppe von Leuten schickt, die ihn überreden sollen, versteckt sich Martin in einem Gänsestall. Doch die aufgeregten Gänse sind derartigen Besuch nicht gewöhnt und schnattern so laut, dass Martins Versteck schnell entdeckt wird. Seufzend fügt er sich nun in sein Schicksal, wird Bischof von Tours und stirbt am 11. November 397 im Alter von 80 Jahren.

Sein berühmter „halber Mantel" (auf Lateinisch „cappa") wird noch heute als Reliquie in einem kleinen Raum, „capella" genannt, in Paris aufbewahrt. Daher stammt das Wort „Kapelle".

Der 11. November ist der Martinstag, also der Gedenktag des Heiligen. Er ist Patron der Reiter, Soldaten und Waffenschmiede und gehört zu den 14 Nothelfern.

Martin Luther King

15. Januar

Martin Luther King ist einer der bekanntesten Bürgerrechtler der Vereinigten Staaten von Amerika, der sich sein Leben lang für die unterdrückten Farbigen eingesetzt hat. Er wird am 15. Januar 1929 in der amerikanischen Stadt Atlanta geboren und nach seinem Vater benannt. Dieser ist ein Baptistenpfarrer. Auch sein Sohn lässt sich mit nur 17 Jahren zum Baptistenpfarrer weihen.

Später an der Universität in Boston interessiert sich Martin Luther King vor allem für die gewaltfreien Ideen des berühmten indischen Befreiers Mahatma Gandhi. Während dieser Zeit in Boston lernt er auch Coretta Scott kennen, die er 1953 heiratet und mit der er vier Kinder haben wird. Im darauf folgenden Jahr nimmt er eine Stelle als Pastor in Montgomery an, einer Stadt im Bundesstaat Alabama. Hier wird Martin Luther King im Dezember 1955 weltbekannt.

In den USA herrscht damals noch strikte Trennung zwischen farbigen und weißen Amerikanern. Und die herrschende Klasse der weißen Amerikaner tut alles, um die Farbigen zu unterdrücken. Das, so findet Martin Luther King, der selbst farbig ist, hat nichts mit der Würde des Menschen zu tun. Und wie einst Gandhi in Indien lehnt er sich in Amerika gegen die Rassentrennungsgesetze und diskriminierenden Vorschriften auf. Eines Tages kommt es in einem öffentlichen Bus zu einem bösen Zwischenfall. Auch in den Bussen herrscht hier im Süden der USA häufig Rassentrennung. Das bedeutet: Farbige und Weiße müssen getrennt sitzen und Farbige müssen aufstehen, wenn ein Weißer einen Platz beansprucht. Vielen Farbigen geht das längst zu weit. Und als sich eine farbige Frau weigert, ihren Platz für einen Weißen frei zu machen, kommt es zu Tumulten. Sie wird aus dem Bus geworfen. Daraufhin boykottieren die farbigen Bewohner der gesamten Stadt die Buslinien – keiner benutzt mehr einen der Linienbusse.

Zum Wortführer dieser Bewegung macht sich der Pastor Martin Luther King, der in vielen Reden und Predigten gegen die Rassentrennung eintritt. Als selbst die Kinder in den Streik treten, aus Protest nicht mehr zur Schule gehen und stattdessen demonstrieren, stellt sich Martin Luther King an ihre Seite nach dem Motto der Schüler: „Auch wir sind Amerika!" Beschimpfungen und Drohungen schrecken ihn nicht ab. Sein Haus wird mit einer Brandbombe beworfen, seine Kinder werden eingeschüchtert und ihm selber wird mehrmals der Tod angedroht. Doch Martin Luther King hat ein Ziel, eine Vision. Endlich soll Schluss sein mit den sinnlosen Gesetzen der Rassentrennung, in denen es heißt: Farbige dürfen nicht wählen oder in einer Jury sitzen, in Lokalen gemeinsam mit Weißen essen, in Motels übernachten, Toiletten benutzen, die für Weiße gekennzeichnet sind. Sie dürfen nicht wohnen, wo sie wollen, und an manchen Orten ist es Farbigen sogar vorgeschrieben, die Straßenseite zu wechseln, wenn ihnen Weiße entgegenkommen.

Obwohl er schrecklich schikaniert wird, hat Martin Luther Kings mutiger Kampf gegen die Rassengesetze im Dezember 1956 endlich Erfolg: Das Oberste US-Gericht erklärt das Rassentrennungsgesetz des Staates Alabama für verfassungswidrig. Dieser Erfolg ermutigt King und seine Mitstreiter, die Gleichberechtigung mit gewaltfreien

Aktionen voranzutreiben. Ein wesentlicher Schritt ist 1957 die Gründung der „Southern Christian Leadership Conference", kurz SCLC
genannt, deren Präsident er wird.

Dafür gibt er seine Pastorenstelle auf, um sich ganz seiner neuen
Aufgabe widmen zu können. Er wird immer mehr zur großen Symbol-
figur der Hoffnung aller friedlichen Amerikaner. Als schließlich der
legendäre John F. Kennedy im November 1960 Präsident der USA
wird, ist dies ein Durchbruch für King, denn Kennedy unterstützt ihn
und seine Bewegung. In Amerika brechen scheinbar neue Zeiten an.
Doch nicht für immer und nicht überall. 1963 kommt es in Alabama
wieder zu schweren Zusammenstößen zwischen friedlichen schwarzen Demonstranten und der Polizei. Es folgen Demonstrationen von
Farbigen im ganzen Land. Auch viele Weiße treten nun offen gegen
die Rassentrennung ein: Die bekannteste Kundgebung findet am
28. August 1963 in Washington statt, wo sich mehr als 250 000 Menschen treffen. Dort hält Martin Luther King seine bekannte Rede mit
dem Titel „I have a dream", auf deutsch „Ich habe einen Traum".
Darin beschreibt er seine Hoffnung auf ein Amerika, in dem alle
Bürger die gleichen Rechte und Chancen bekämen: „… Es ist ein
Traum, der tief verwurzelt ist im Traum ganz Amerikas. Ich habe
einen Traum, der mir sagt, dass eines Tages diese Nation aufwachen
wird und ihr Bekenntnis lebendig erfüllen wird, das da sagt: ‚Wir
glauben, dass diese Wahrheiten für sich selbst sprechen, dass alle
Menschen gleich geschaffen sind.' Ich habe einen Traum, dass eines
Tages die Söhne der früheren Sklaven und die Söhne der früheren
Sklavenhalter zusammensitzen an einem Tisch der Brüderlichkeit.
Ich habe einen Traum, dass eines Tages sogar der Staat Mississippi,

in dem Ungerechtigkeit schwelt und ihr Wesen treibt mit dem Feuer
der Unterdrückung, sich in eine Oase der Freiheit und Gerechtigkeit
verwandeln wird. Ich habe einen Traum, dass eines Tages meine vier
kleinen Kinder in einem Volk leben werden, in dem man sie nicht
nach der Farbe ihrer Haut, sondern nach ihrem Charakter behandeln wird. Das ist mein Glaube. Das ist unsere Hoffnung. Das ist mein
Glaube, dass ich zurückgehen werde in den Süden, mit – ja, mit diesem Glauben, dass wir den Berg der Verzweiflung verwandeln können in einen Felsen der Hoffnung."

Im Jahr 1964 erhält Martin Luther King für seine Bemühungen um
Gleichberechtigung den Friedensnobelpreis verliehen. Doch dieser
große Friedenskämpfer hat nicht nur Freunde. Am
Abend des 4. April 1965 wird Martin Luther King in
Memphis von einem weißen Rassisten erschossen.
Er muss seinen Tod vorausgeahnt haben, denn
am Vorabend noch hat er in einer Ansprache
erklärt: „Ich war auf dem Gipfel
des Bergs und habe das ver-
heißene Land gesehen." Als die
Nachricht vom Attentat bekannt
wird, weinen Menschen in aller
Welt. Hunderttausende nehmen
an seiner Beerdigung in Atlanta
teil.

1986 wird sein Geburtstag offiziell
zum Feiertag erklärt, sodass sein
Gedenktag der 15. Januar ist.

Matthias

24. Februar
Mathias, Mattias, Matteo, Matthäus

Wenn wir von den zwölf Aposteln sprechen, so ist das nicht so ganz richtig. Denn eigentlich gab es ja 13 Apostel. Aber Judas war zum Verräter geworden und an seiner Stelle haben die anderen Apostel einen jungen Mann namens Matthias ausgewählt. Matthias hat Jesus zum ersten Mal getroffen, als dieser sich von Johannes hat taufen lassen. Seitdem folgt er ihm.

Matthias ist ein besonders eifriger Prediger und zieht nach Christi Himmelfahrt von seiner Heimat Judäa bis nach Afrika. Überall, wo er hinkommt, verkündet er das Wort Gottes und wirkt zahlreiche Wunder. So berichten die Legenden, er habe Kranke, Blinde, Lahme und Taube allein durch die Kraft seiner Gebete geheilt und sogar Tote soll er zum Leben erweckt haben. Im Jahr 63 wird er dann bei einem Überfall von Heiden getötet. Genaueres ist darüber aber nicht bekannt. Seine sterblichen Überreste werden von der heiligen Helena nach Trier gebracht und somit ist Matthias der einzige Apostel, der in Deutschland begraben ist. Der Name Matthias kommt aus dem Griechischen und bedeutet „Geschenk Gottes". Sein Gedenktag ist der 24. Februar und er wird als Patron der Schreiner und der Metzger verehrt.

Mauritius

22. September
Moritz, Morris

Mauritius ist ein römischer Offizier, der Anführer einer Legion, die aus Ägypten stammt und die nur aus Christen besteht. Seine Soldaten weigern sich, den alten römischen Göttern zu opfern und sich an der Verfolgung der Christen zu beteiligen.

Als das bekannt wird, lässt Maximianus, ein hoher Beamter von Kaiser Diokletian, jeden zehnten Mann umbringen. Das soll die anderen abschrecken, doch die Männer bleiben weiter standhaft. Maximianus wiederholt das so lange, bis die ganze Legion ermordet ist – darunter auch Mauritius selbst.

Die Gebeine der Märtyrer werden schon um 380 in der heutigen Schweiz aufgefunden. Über den Grabstätten entsteht eine Kirche, die zum Wallfahrtsort wird. Im 6. Jahrhundert wird dort das Kloster St. Maurice d'Agaune gegründet, das heute zum Orden der Augustiner gehört. Der Kirchenschatz des Klosters ist der berühmteste der Schweiz.

Mauritius wird im Allgemeinen als Farbiger dargestellt – was auf seine Herkunft aus Ägypten hindeuten kann. Er ist auch Patron der Handwerker, die mit Farben zu tun haben.

Sein Gedenktag ist der 22. September und sein Name bedeutet sinngemäß etwa „der Mohr" oder „der Dunkelhäutige".

Maximilian

12. Oktober
Max, Maxime, Maxi

Viele Eltern nennen ihren erstgeborenen Sohn heute Maximilian und wollen damit an einen bedeutenden Bischof erinnern.
Aus seinem Leben ist wenig überliefert. Nur so viel: Maximilian hat im dritten Jahrhundert während der großen römischen Christenverfolgungen im heutigen Österreich, in der Steiermark, gelebt. Hier erziehen ihn seine mutigen Eltern im christlichen Glauben. Später wird ihr Sohn Priester und sogar Bischof.
Als Religionslehrer setzt er immer wieder unerschrocken sein Leben aufs Spiel, denn die römischen Heiden verfolgen in aller Grausamkeit vor allem diejenigen Christen, die ihren Glauben lehren und weitergeben.
Maximilian lässt sich davon nicht abschrecken und hilft seinen Glaubensbrüdern und -schwestern. Er versteckt sie vor ihren Verfolgern. Dabei wird er schließlich selbst gefangen genommen und schwer gefoltert. Als er sich trotzdem tapfer zu seinem Glauben bekennt, wird er getötet.
Sein Gedenktag ist der 12. Oktober.
Das Grab des heiligen Maximilian befindet sich in der österreichischen Stadt Bischofshofen im salzburgischen Pongau. Maximilian ist der Patron der Bistümer Linz und Passau.

Maximilian Kolbe

14. August

Wer Max oder Maximilian heißt, kann sich auf einen bemerkenswerten Mann berufen: Rajmund Kolbe. Dieser ist der Sohn eines einfachen polnischen Arbeiters und besucht eine Schule der Franziskaner in Lemberg – dem heutigen Lwów in Polen.

Im Alter von 17 Jahren tritt er unter dem Namen Maximilian Maria dem Franziskanerorden bei. Während seines Studiums in Rom erkennt er die Wichtigkeit der missionarischen Arbeit. Zusammen mit Freunden gründet er in Rom die „Militia immaculata", die „unbefleckte Miliz", als Gebetsgemeinschaft zur Bekehrung von Sündern. 1918 wird er zum Priester geweiht und kehrt 1919 nach Polen zurück. Nach einer schweren Tuberkuloseerkrankung, die ihn lange ans Bett fesselt, gründet er 1927 in Teresin westlich von Warschau ein Kloster und wird dessen Vorsteher. Doch die Missionsarbeit lässt ihn nicht los. 1930 führt ihn der Weg nach Nagasaki in Japan. Hier baut er auch mit Hilfe seines Hobbys, dem Amateurfunk, neue Missionsstationen auf. Für ihn ist der Amateurfunk das „Verständigungsmittel gutwilliger Menschen in aller Welt", das ihn total begeistert. Handys gibt es zu dieser Zeit natürlich noch nicht. Auch später im Kloster hat er seine „Funkbude".

1936 kehrt Kolbe in die Heimat zurück und übernimmt wieder die Leitung seines Klosters. Nach dem Überfall der Deutschen auf Polen im September 1939 fällt der engagierte Mann den Nazis auf.

Im September 1940 wird er verhaftet und ins Lager Oranienburg gebracht, aber im Dezember wieder freigelassen. Im Februar 1941 verhaftet man ihn erneut und schickt ihn ins Vernichtungslager Auschwitz.

Im Juli 1941 kommt es zu einem Zwischenfall. Weil ein Gefangener geflohen ist, sollen zehn andere dafür in einen Hungerbunker eingeschlossen werden. Bei einem Appell vor dem KZ-Kommandanten Fritsch werden zehn Männer für diese Strafaktion ausgewählt. Einer von ihnen, Franz Gajowniczek, aber schreit laut auf und erinnert weinend an seine beiden Söhne. Da tritt Pater Maximilian Kolbe aus der Reihe der Männer und bietet mutig sein Leben für das des Familienvaters an. Der Kommandant Fritsch nimmt das Angebot an. Kolbe wird also in den Hungerbunker gesteckt. Überlebende haben später berichtet, dass Kolbe tagelang gesungen und gebetet habe. Er muss miterleben, wie seine anderen neun Leidensgenossen ganz langsam verhungern. Als Kolbe aber immer noch Lebenszeichen von sich gibt, verabreicht der Lagerhenker ihm schließlich eine Giftspritze, die den endgültigen Tod herbeiführt.

1982 wird Kolbe von Papst Johannes Paul II. heilig gesprochen – der von ihm gerettete Franz Gajowniczek ist auf dem Petersplatz dabei und weint Tränen der Rührung. Maximilian Kolbe gilt als Patron der Amateurfunker – sein Gedenktag ist der 14. August.

Melanie

8. Juni

Melania, Mela, Melitta, Melina, Melinda, Melly, Melissa

Die heilige Melanie stammt aus einer alten römischen Adelsfamilie und lebt vom Jahr 383 bis 439. Als Melanie die Jüngere wird sie heute noch hoch verehrt. Die Bezeichnung „die Jüngere" soll sie von ihrer Großmutter Melanie „die Ältere" unterscheiden, die ebenfalls heilig gesprochen worden ist. Melanie ist eine hochgebildete Frau. Und obwohl sie sehr reich ist, hat sie doch stets auch ein Herz für die Armen. So verkauft sie einen Großteil ihrer riesigen Ländereien und unterstützt mit diesem Geld bedürftige Familien. Außerdem richtet die überzeugte Christin in ihrem Palast in Rom eine kostenlose Herberge für Pilger ein, sodass alle, die das Grab des heiligen Petrus besuchen wollen, bei ihr schlafen und essen können. Auf Druck ihrer Familie muss Melanie schon mit 13 Jahren heiraten, den 17-jährigen Pinianus.

Ein schwerer Schicksalsschlag trifft sie, als ihre beiden geliebten Kinder kurz hintereinander sterben. Melanie wird todkrank. Auf dem Krankenbett verspricht sie Gott, nach ihrer Gesundung zusammen mit ihrem Mann nach Jerusalem zu pilgern, um dort für die Seelen ihrer Kinder zu beten. Natürlich hält sie Wort. Nach dem Tod ihres Mannes lässt sie sich in einem Zelt auf dem Ölberg nieder, genau dort, wo Jesus seinen Leidensweg begonnen hat. Sie verkauft ihr Hab und Gut und gründet damit ein Schwesternkloster, in das sie einzieht und in dem sie bis zu ihrem Tod lebt.

Der Name Melanie bedeutet etwa „die Schwarzhaarige" oder auch „die Schwarze". Melanies Gedenktag ist der 8. Juni – vor allem in den christlichen Gemeinschaften Griechenlands, Syriens und der Türkei wird ihr Andenken gefeiert.

Michael

29. September

Maik, Maike, Mareike, Meike, Michaela, Michel, Michelle, Michl, Michele, Michelangelo, Micha, Miguel, Mike, Miklas, Mikosch, Mischa

Der Erzengel Michael gehört zu den „schillerndsten" Figuren der Bibel, ist er doch in den Kampf gegen Luzifer verwickelt. Dieser hatte gegen Gott rebelliert und Gottes Rechte für sich beansprucht. Mit dem Ruf „Wer ist wie Gott?" wurde Luzifer daraufhin von Michael in die Hölle gestoßen und gilt seitdem als Fürst des Bösen – als der Teufel.

Sein Bezwinger, der Erzengel Michael, wird schon sehr lange von den Menschen verehrt. Auf Bildern wird er häufig als junger Ritter mit einem flammenden Schwert abgebildet und manchmal steht er auch über einem besiegten Drachen. Der Drache ist übrigens das Zeichen für Luzifer. Auf manchen Bildern hält er auch eine Waage in der Hand – darauf wägt er ab, ob eine Seele in den Himmel kommt oder nicht. Michael nämlich ist derjenige, der diese Entscheidung zu treffen hat.

Früher wurde nach der Messe stets noch ein Michaelsgebet gebetet, weil die Menschen der Überzeugung waren, dass Michael auch die Kirche selbst vor Angriffen des Bösen beschütze.

Die Legende erzählt, dass der Erzengel im fünften Jahrhundert auf dem Berg Gargano in Süditalien erschienen sei. Dort wird seitdem die Michaelsgrotte von Wallfahrern aus aller Welt besucht.

Der Name Michael kommt aus dem Hebräischen und ist die Übersetzung der Frage, die der Erzengel einst Luzifer stellte: „Wer ist wie Gott?". Er ist der Patron der katholischen Kirche und der Deutschen.

Monika

27. August
Mona, Monja, Monique

Der Name Monika bedeutet „die Einsame" und so dürfte sich die heilige Monika auch lange Zeit in ihrem Leben gefühlt haben. Sie wird um das Jahr 330 herum in Nordafrika geboren und dort mit dem römischen Beamten Patricius, einem Heiden, verheiratet. Dieser weigert sich beharrlich, sich von seiner Frau zum Christentum bekehren zu lassen. Das Paar hat viele heftige Streitereien über die Religion, doch kurz vor seinem Tode lässt sich Patricius schließlich doch noch taufen.

Monika hat drei Söhne, die ihr alle viel Kummer bereiten. Sie rebellieren gegen das Elternhaus, wollen lange Zeit keinen Beruf erlernen und einer der drei, Augustinus, gerät sogar in die Hände einer Sekte und treibt sich mit leichtlebigen Frauen herum. Doch Monika reist ihrem Sohn bis nach Rom nach, bringt ihn dazu, sein Studium wieder aufzunehmen und kann ihn sogar endgültig zum Christentum bekehren. Augustinus wird später einer der größten Heiligen. Monika stirbt im Jahr 387 in Ostia bei Rom.

Ihr Gedenktag ist der 27. August. Sie ist die Schutzpatronin der christlichen Frauen und Mütter. Besonders Mütter, die Kummer mit ihren Kindern haben, beten zu ihr.

Natalie

27. Juli und 1. Dezember
Nathalie, Natalia, Natascha

Die heilige Natalie von Nikodemien lebt um das Jahr 250 im Gebiet der heutigen Türkei und ist die Frau eines römischen Offiziers namens Hadrian. Dieser bekennt sich offen zum christlichen Glauben und wird daraufhin durch den Befehl des Kaisers Maximian zunächst gefoltert und schließlich zum Tode verurteilt. Was macht Natalie, seine Witwe? Sie zieht zum Grab ihres Mannes und beginnt für seine Seele und die Seelen anderer verfolgter Christen zu beten. Das gefällt den römischen Soldaten überhaupt nicht und oftmals versuchen sie, die mutige Frau zu verjagen. Doch das gelingt ihnen nicht. Schließlich wird sie in Nikodemien so bekannt, dass niemand mehr wagt, sie zu vertreiben.
Zunächst bringen ihr nur ihre eigenen Verwandten, später aber auch andere Menschen, Nahrung. Alles, was übrig bleibt, verschenkt sie an andere Bedürftige. Bis zum ihrem Tod im Jahr 300 bleibt Natalie an Hadrians Grab. Ihren Gedenktag feiern wir am 1. Dezember.

Eine andere Heilige namens Natalie lebt um das Jahr 860 in der spanischen Stadt Cordoba. Als die Sarazenen die Stadt erobern, wollen sie die Einwohner zwingen, sich zum muslimischen Glauben zu bekennen: Natalie und ihr Mann sind die Einzigen, die sich weigern, und werden dafür getötet. Der Gedenktag der heiligen Natalie von Cordoba ist der 27. Juli.

Nikolaus

6. Dezember

Nico, Nicole, Nicoletta, Nicholas, Niklas, Niko, Nick, Nikita, Nikolai,
Niels, Nils, Coletta, Colin, Klaus, Claudia, Klaudia, Nicky, Nicki

Am 6. Dezember kommt der Nikolaus. Dieser Brauch geht auf den heiligen Nikolaus zurück, der im vierten Jahrhundert nach Christi Geburt der Bischof der Stadt Myra war. Myra ist eine Stadt in der heutigen Türkei. Dieser Nikolaus ist ein ungewöhnlicher Mann, denn er hält Kinder für die wichtigsten Menschen auf der Welt. Was zu damaliger Zeit sensationell ist, denn Kinder haben kein besonderes Ansehen.

Wann immer Nikolaus kann, hilft er ihnen, denn Kinder – so denkt er – sind die Zukunft und auf die Zukunft soll man aufpassen. So ist es wohl auch zu dem schönen Brauch gekommen, dass der Stellvertreter des heiligen Nikolaus noch heute am Todestag des Heiligen die Familien besucht, mit den Kindern spricht und sie beschenkt. Das soll daran erinnern, wie sich der heilige Nikolaus damals um die Kinder armer Familien gekümmert hat.

Eine Legende erzählt, wie Nikolaus durch Klugheit und Tatkraft seine Stadt vor einer Hungersnot bewahrt hat. Damals müssen alle Länder, die zum Römischen Reich gehören, dem Kaiser in Konstantinopel nicht nur Gehorsam zeigen, sondern auch Lebensmittel und andere Güter bei ihm abgeben. Egal, wie gut oder schlecht es den Menschen damals auch geht: Der Kaiser besteht auf diesem Anspruch. So machen viele Schiffe aus anderen Ländern auf dem Weg

nach Konstantinopel in Myra Station, die Getreide für den Kaiser geladen haben. Und was macht Nikolaus? Er schafft es durch seine Überzeugungskraft, die Matrosen zu überreden, ihm Getreide für die hungernden Menschen in Myra abzugeben. Dafür sichert er ihnen zu, dass den Schiffen im Hafen nichts passiert. Doch nicht nur das: Nikolaus verspricht den Kapitänen, die für die Schiffe und die Ladung verantwortlich sind, noch mehr: Er wird durch sein Gebet dafür sorgen, dass bei Ankunft in Konstantinopel kein einziges Korn vom Getreide fehlen wird. Kaum zu glauben, das Wunder geschieht. Und nicht nur einmal, sondern so oft, dass die Menschen in Myra nicht mehr hungern müssen, sondern sogar noch genug Saatgetreide übrig behalten. Diese Geschichte ist als die Kornlegende überliefert worden. Auch eine andere wunderbare Geschichte erzählt man sich noch heute: Eines Tages hört Nikolaus von drei jungen Frauen aus einem Armenviertel. Die drei wollen ihre Liebsten heiraten, doch damals ist es gesetzlich vorgeschrieben, dass die Eltern der Braut Geld oder andere nützliche Dinge mit in die Ehe geben müssen. Aber die Eltern der drei Mädchen sind arm und die drei Hochzeitsfeiern drohen zu platzen. Da plündert der Bischof, obwohl er selbst nicht gerade reich ist, seinen privaten Geldbeutel und gibt den Eltern der Mädchen so viel Gold und Silber, dass sie ihnen nicht nur das Geld für die Hochzeit mitgeben, sondern sogar noch eine schöne Feier veranstalten können.

Nikolaus stirbt um das Jahr 350. Sein Name kommt aus dem Griechischen und bedeutet so viel wie „der Sieger des Volkes".

Er ist einer der 14 Nothelfer und Schutzpatron Russlands, der Weber, Metzger, Gefangenen und Seeleute.

Pascal

17. Mai

Pascal Bayton wurde im 16. Jahrhundert in der Nähe von Madrid geboren. Er ist der Sohn armer Eltern und muss als Hirte arbeiten, um die Familie mitzuernähren. Weil es ihm allein mit den Schafen so furchtbar langweilig ist, bringt er sich selbst ein wenig Lesen und Schreiben bei. Dabei wird er unterstützt von dem freundlichen Fürsten des Landes, auf dem Pascal und seine Eltern wohnen.

Dieser Fürst ist beeindruckt von Pascals Klugheit, er hat noch nie so ein wissbegieriges Kind erlebt. Also schenkt er ihm Bücher und schickt manchmal sogar einen Lehrer auf die Schafweiden hinaus, der Pascal unterrichtet.

Alles kommt wie im Märchen: Weil der Fürst selbst keine Kinder hat, will er Pascal schließlich sogar adoptieren und zu seinem Erben machen. Doch daraus wird nichts. Denn Pascal hat sich längst anders entschieden. Während seines „Studiums" hat er vom Orden der Franziskaner erfahren und ist begeistert. So wie diese Menschen will auch er leben: bescheiden und als Diener Gottes und seiner Mitmenschen. Also bittet er den Fürsten, seinen Förderer, sich um seine armen Eltern zu kümmern. Der Fürst verspricht auch dieses und Pascal verabschiedet sich in ein Franziskanerkloster. Niemandem verrät er dort, dass er lesen und schreiben kann, sondern er verrichtet stets die niedrigen Dienste an der Pforte oder im Speisesaal. Er bemüht sich sein Leben lang, möglichst unauffällig zu bleiben. Doch nachdem er am 17. Mai 1592 gestorben ist, ereignen sich an seinem Grab in der Klosterkirche viele Wunder.

Ein Zweig, den man als Schmuck in sein schlichtes Grab gesteckt hat, blüht über 100 Jahre lang; ein schwer kranker Mönch, der neben dem Grab um Erlösung betet, wird urplötzlich gesund, und ein blindes Kind, das von seinen Eltern über das Grab Pascals gehalten wird, erhält seine Sehkraft wieder.

Der Gedenktag Pascals ist der 17. Mai.

Sein Grab wird im spanischen Bürgerkrieg leider zerstört. Verehrt wird Pascal von den Hirten und den Köchen. Sein Name bedeutet etwa „der zu Ostern Geborene".

Patrick

17. März
Pat, Patricia, Patricius, Paddy, Patty

Patrick, der Nationalheilige der Insel Irland, hat ein abenteuerliches Leben geführt. Geboren wird er im Jahr 385 nach Christus im römisch besetzten Südengland. Patricks Eltern haben ihren Sohn im christlichen Glauben erzogen. Eines Tages macht der 16-jährige Patrick eine lange Wanderung am Meer entlang, als hinter einem Felsen plötzlich einige wilde Burschen hervorspringen. Irische Seeräuber sind gelandet, haben im Landesinnern ein Dorf überfallen und ausgeraubt und suchen nun nach kräftigen Sklaven. Patrick kommt ihnen gerade recht, sie schleppen ihn auf ihr Schiff, segeln zurück nach Irland und verkaufen den kräftigen Burschen dort als Sklaven an einen reichen Mann. Der lässt Patrick hart arbeiten und behandelt ihn schlecht, doch mit den anderen Sklaven und auch den Aufsehern versteht Patrick sich gut.

Einer der Aufseher freundet sich sogar mit dem klugen jungen Mann an. In einer dunklen Nacht öffnet er die Tür von Patricks Zelle und verhilft ihm damit zur Flucht. Nach einiger Zeit gelangt er nach Frankreich, wo Patrick schließlich zum Priester geweiht wird.

Vom Papst höchstpersönlich wird er später nach Irland zurückgeschickt, um zu missionieren. Man hätte wirklich keinen Besseren finden können: Patrick hat sich in seiner Gefangenschaft die irische Sprache angeeignet, er hat ein offenes Ohr für die urwüchsigen Menschen und ihre Sorgen und weiß, wie er ihnen die wichtigen

Dinge erklären muss. Für die heilige Dreifaltigkeit benutzt er zum Beispiel ein dreiblättriges Kleeblatt, das in Irland heute noch als Glückssymbol gilt. Der begabte Prediger ist aber auch ein Mann der Tat: Man erzählt sich, dass er alle Schlangen von der Insel vertrieben hat. Er soll einfach mit seinem Stab auf den Boden geklopft haben, damit Hunderte und Tausende von Schlangen angelockt und diese dann zu einer hohen Klippe geführt haben, von der aus sich die giftigen Tiere ins Meer gestürzt haben sollen. Damit hat Patrick die Insel von einer großen Plage befreit. Spätestens von diesem Moment an ist er für die Menschen dort ein Heiliger. Patrick ist Beschützer der Bergleute, Friseure und Schmiede. Sein Gedenktag ist der 17. März.

Paulus

29. Juni
Paula, Paul, Paulina, Pauline, Pavel

Der Paulus, von dem hier die Rede ist, heißt eigentlich Saulus. Er wird wenige Jahre nach Christi Geburt in Tarsus geboren. Tarsus ist damals eine blühende Hafenstadt und liegt im Süden der heutigen Türkei. Hier leben Römer, Syrer, Griechen, Juden und viele andere Völker friedlich beieinander und treiben Handel mit dem ganzen Römischen Reich. Die verschiedenen Völker sprechen untereinander ihre eigenen Sprachen, miteinander aber Griechisch. Auch beten alle ihre eigenen Götter an.

Saulus ist der Sohn vermögender jüdischer Eltern und wächst in einer bürgerlichen Umgebung auf. Natürlich lernt der Junge neben seiner Muttersprache Aramäisch auch die griechische Sprache. Wie sein Vater wird Saulus ein Zeltteppichweber. Stets hält er sich streng an die Vorschriften der jüdischen Gesetze und Gebräuche. Und als 20-Jähriger reist er sogar zum Glaubensstudium zu einem jüdischen Gelehrten nach Jerusalem. Saulus nimmt seinen Glauben so ernst, dass er die neue christliche Kirche zutiefst verabscheut. Für ihn sind die Christen sogar noch schlimmer als die Heiden. Er hält sie für eine jüdische Sekte, die vom Gesetz abweicht und zerstört werden muss, weil sie den Juden in ihrem Ansehen schadet. Diese Sekte will er ausrotten. Die Bibel erzählt, Saulus habe im Jahr 35/36 beim Tod des Stephanus, des ersten christlichen Märtyrers, der zu Tode gesteinigt wurde, die Kleider der Steiniger bewacht.

Saulus erhält später von der jüdischen Gemeinde den Auftrag, in
andere römische Städte zu reisen und vor den Christen zu warnen.
Denn wie kein anderer kennt er sich in der christlichen Lehre aus.
Er hat diese genau studiert, um sie effektiv bekämpfen zu können.
Auf seiner Reise kommt Saulus schließlich nach Damaskus. Hier
kommt es zu einer wunderbaren Begegnung zwischen Saulus und
dem auferstandenen Jesus. Dieses Ereignis verändert sein Leben
von Grund auf. Paulus selbst bezeichnet dieses Ereignis nicht als
Bekehrung, sondern als Offenbarung von Jesus Christus.
Die Legende erzählt, dass Saulus Jesus Christus in einer übermäch-
tigen Lichtgestalt getroffen habe, dann zu Boden gefallen und
erblindet sei. Und eine Stimme habe gerufen: „Ich bin Jesus. Saulus,
warum verfolgst du mich?" Man findet den blinden Saulus schließlich im Staub auf der Straße und gutmütige Menschen bringen ihn
in die Stadt Damaskus. Dort nimmt ihn ein Christ namens Ananias
auf, heilt seine Augen und tauft ihn auf den Namen Paulus. So wird
aus dem Juden Saulus der Christ Paulus.

Paulus ist jetzt also Christ. Und weil er nie halbe Sachen macht,
wenn er von etwas überzeugt ist, setzt er sich jetzt für das Christentum genauso leidenschaftlich ein wie vorher für seinen jüdischen
Glauben. Also begibt er sich als Missionar auf die Reise. Zunächst
predigt er aber erst mal in Damaskus selbst. Als ihn die Römer einsperren wollen, macht er sich auf die Flucht. Er entkommt ihnen nur
mit Hilfe von Freunden über die Stadtmauer. Zunächst zieht er sich
nach Arabien zurück, geht dann aber wieder nach Jerusalem und
schließlich auf insgesamt drei große Missionsreisen, auf denen er
überall predigt und neue Anhänger für den christlichen Glauben
gewinnt.

Dabei soll er unter anderem in Syrien, Griechenland und sogar in
Spanien gewesen sein. Unterwegs wird er bedroht und eingesperrt,
leidet an Hunger und Durst und hat nur selten ein Dach über dem
Kopf. Doch immer wieder gelingt es ihm, in einzelnen Städten
christliche Gemeinden zu gründen. Denen schreibt er dann später
lange Briefe, in denen er von seinen Reisen und von Jesus berichtet.
Die Briefe kann man übrigens heute noch im Neuen Testament der
Bibel nachlesen.

Schließlich geht Paulus nach Jerusalem, wo er Petrus begegnet. Gemeinsam sollen die beiden sogar den gefürchteten Kaiser Nero in
Rom beeindruckt haben. Doch ist dies nicht ganz sicher – denn über
das Leben des Paulus in dieser Zeit wissen wir eher wenig. Allerdings ist bekannt, dass sich Petrus und Paulus in der Verkündigung
des christlichen Glaubens nicht immer einig sind. So meint Petrus,
dass Heiden, die Christen werden wollen, zuvor erst den jüdischen
Glauben annehmen müssen. Paulus aber will sie direkt und ohne

den Umweg über das Judentum zu Christen machen. Mit dieser Meinung kann sich Paulus schließlich bei einem wichtigen Treffen (Apostelkonzil) im Jahr 48 in Jerusalem durchsetzen. Von da an gilt der Grundsatz: Wenn ein Heide Christ werden will, kommt es nur darauf an, dass er an Jesus glaubt und ihm nachfolgt.

Paulus soll um das Jahr 60 herum in Rom gestorben sein. Wahrscheinlich ist er hingerichtet worden.

Er ist Patron der Seelsorger, Weber und Arbeiterinnen, auch der katholischen Presse. Man ruft ihn für Regen und Fruchtbarkeit der Felder an gegen Furcht und Krämpfe, Blitz und Hagel.

Sein Gedenktag ist der 29. Juni. Diesen feiern wir zusammen mit dem des heiligen Petrus.

Der Name Paulus bedeutet übrigens „der Kleine" und stammt aus dem Griechischen.

Petrus

29. Juni

Peter, Pedro, Per, Pit, Pierre, Petra, Petrus

Der Name Petrus kommt aus dem Griechischen (petros) und bedeutet „der Fels". Aber diesen Beinamen hat der heilige Petrus erst viel später bekommen. Ursprünglich heißt er nämlich Simon und ist – wie sein Bruder Andreas – Fischer am See Genezareth. Eine schwere Arbeit, denn oft genug gibt es keine Fische und keinen Verdienst für die Männer.

Als Simon eines Tages zusammen mit seinem Bruder am Ufer arbeitet, kommt ein Fremder vorbei, spricht die Brüder an und fordert sie auf, mit ihm zu kommen, denn: „Ab jetzt sollt ihr Menschenfischer sein!" Es ist Jesus, der die beiden Männer mit so eigenartigen Worten anspricht. Und obwohl sie eigentlich zu diesem Zeitpunkt noch gar

nicht verstehen, was Jesus mit dem Begriff Menschenfischer eigentlich meint und was er von ihnen erwartet, lassen sie alles liegen und stehen und folgen ihm. Der Fremde muss also eine besondere Ausstrahlung gehabt haben. Denn die armen Fischer am See sind keine Abenteurer, die gleich jedem nachrennen und sogar ihre Familien in Stich lassen.

Jesus hat übrigens oft in solchen Bildern gesprochen. Einmal sagt er zu Simon, der ihm stets treu zur Seite steht: „Du bist Petrus, der Fels, auf dem ich meine Kirche bauen will." Seitdem nennt sich Simon auch Petrus. Jesus will damit ausdrücken, dass Simon in seinem Glauben und seiner Treue so unerschütterlich ist wie ein Fels. Deshalb verspricht Jesus dem Petrus auch: „Ich werde dir die Schlüssel des Himmelreiches geben."

Allerdings ist Petrus nicht immer so mutig gewesen, wie Jesus sich das gewünscht hat – einmal wird er auch schwach: Als nämlich römische Soldaten am Tag nach Jesu Verhaftung ihn fragen, ob er nicht auch zu diesem Jesus gehöre, sagt er dreimal hintereinander Nein. Nach diesen Lügen kräht ein Hahn – genau wie Jesus es ihm vorhergesagt hatte.

Später jedoch bereut Petrus es sehr, dass er in diesem Moment nicht zu Jesus gestanden hat. Nach dem Tod Christi ist Petrus der Erste, der den Menschen offen und ohne Angst von der christlichen Botschaft erzählt und für die Verbreitung des Glaubens sorgt. Er wird zu einem der mutigsten Prediger des neuen Glaubens und geht schließlich sogar nach Rom, in die Hauptstadt des gewaltigen Römischen Reiches.

Dort gründet er eine christliche Gemeinde und von hier aus beginnt nach vielen Opfern, Verfolgungen und Leiden auch der Siegeszug des Christentums. Petrus ist das erste Oberhaupt dieser noch kleinen christlichen Gruppe und somit der erste Papst der Christenheit, auch wenn die Bezeichnung Papst erst später erfunden wird.

Als Petrus älter wird, erlebt er die Herrschaft des schrecklichen Kaisers Nero, der die Christen in unerbittlicher Härte verfolgen lässt. Dieser berüchtigte Kaiser lässt auch Petrus verhaften und verurteilt ihn zum Tod durch Kreuzigung. Petrus jammert nicht, sondern hat nur einen letzten Wunsch: Er will mit dem Kopf nach unten gekreuzigt werden, weil er nicht würdig sei, so wie Jesus selbst zu sterben. Dieser letzte Wunsch wird ihm auch erfüllt.

Am Fuß des vatikanischen Hügels in Rom wird er nach seinem Tod begraben. Auf diesem Hügel steht heute der nach Petrus benannte Petersdom – die berühmteste Kirche der Welt.

Petrus' Gedenktag feiern wir zusammen mit dem des heiligen Paulus am 29. Juni.

Der Tag wird deshalb im Volksmund auch einfach als „Peter und Paul" bezeichnet. Petrus ist der Patron der Schlosser, Maurer, Schmiede und Fischer. Die Fischer nennen sich selbst deshalb gerne „Petrijünger" (die Jünger des Petrus).

Philippus

3. Mai

Philip, Phil, Philippine, Philippa, Philippe, Felipe

Auch der heilige Philippus gehört zu den zwölf Aposteln. Wie Simon, der spätere Petrus, und Andreas ist Philippus ein Fischer am See Genezareth. Ohne zu zögern folgt er Jesus auf seinen Weg durch Judäa, als dieser ihn auffordert: „Folge mir nach!" In diesem Moment schon erkennt Philippus, dass Jesus etwas Besonderes ist. Die Bibel erzählt uns mehrfach von Philippus und seiner ganz besonderen Anhänglichkeit an Jesus. Er wird erwähnt bei der wunderbaren Brotvermehrung und beim letzten Abendmahl.

Nach Jesu Tod und Auferstehung geht Philippus zurück in seine Heimat am See und predigt dort das Evangelium. Das ist kein leichter
Gang für ihn, nachdem er auf Jesu Ruf hin einst alles dort hatte
liegen und stehen lassen. Schließlich muss er befürchten, dass die
Menschen in seiner Heimat nicht gut auf ihn zu sprechen sind. Doch
seine Überzeugung macht ihm Mut und lässt ihn die richtigen Worte
finden. Später zieht es ihn nach Kleinasien, in die heutige Türkei.
Auch dort berichtet er den Menschen, was er mit Jesus erlebt hat.
Genau wie Paulus und andere Missionare wird er Zeuge von Jesu
Leben und Tod und lehrt das Wort Gottes.

Wann und wodurch er gestorben ist, ist leider nicht mehr überliefert, doch sein Gedenktag am 3. Mai wird zusammen mit dem des
heiligen Jakobus des Jüngeren gefeiert. Auch dieser ist ein Apostel
und die beiden wurden zusammen in der Kirche „Die zwölf Apostel"
in Rom beerdigt.

Der Name Philipp kommt aus dem Griechischen und bedeutet
„Freund der Pferde". Er ist der Patron der Bäcker und Händler.

Pia

6. Januar
Pius

Der Name Pia kommt aus dem Lateinischen und bedeutet wörtlich „die Fromme". Diesen Beinamen erhält Wiltrud von Bergen, die um 920 herum geboren wird und die Tochter des bayerischen Herzogs Berthold ist. Nach dem Tod ihres Vaters wird sie von neidischen Verwandten verstoßen. Sie nehmen ihr alle ihre Güter und Ländereien weg, was Wiltrud jedoch nicht besonders betrübt. Denn sie hat schon vorher beschlossen, ihr Leben Gott zu widmen. So gründet sie in der Stadt Neuburg an der Donau im Jahr 947 das Kloster Bergen und wird Äbtissin – also so etwas wie die Klosterchefin. Wiltrud ist stets bemüht, ein Leben zu führen, wie es Gott gefällt.

Noch heute wird von ihrer Freundlichkeit, ihrer Großzügigkeit gegenüber armen Menschen und ihrer tiefen Frömmigkeit berichtet. Deshalb bekommt Wiltrud schon zu Lebzeiten den Beinamen Pia.

Als Kaiser Otto II. ihr später ihr ganzes geerbtes Hab und Gut wieder zurückgibt, verschenkt sie alles an arme Bauern und die Kirche. Was soll sie damit anfangen? Sie lebt für das Himmelreich, irdischer Besitz ist nur eine Belastung für sie.

Pias Gedenktag ist der 6. Januar und vor allem um die Städte Neuburg und Pfaffenhofen herum wird sie als Patronin der jungen Frauen verehrt.

Robert

17. September
Bob, Bobby, Rob, Robby, Robin, Roberta, Roberto,
Rupert, Ruprecht, Bert

Robert Bellarmin ist ein Gelehrter, der am 4. Oktober 1542 in der Toskana, einer wunderschönen Landschaft in Mittelitalien, geboren wird. Allerdings nimmt Robert seine Umgebung nie so recht wahr, denn schon als Junge verbringt er einen Großteil seiner Zeit mit seinen geliebten Büchern. Ja, er ist fast süchtig nach Lesestoff. Er liest Tag und Nacht und saugt so viel Bildung auf, wie er nur bekommen kann.

Auch damit dient er der Kirche, denn der hochgebildete Robert wird für viele Päpste ein wichtiger Berater. Doch zunächst studiert er, lässt sich zum Priester weihen und tritt dem Orden der Jesuiten bei, die seinen Lerneifer und seine Talente weiter fördern. Robert entwickelt sich zu einem großartigen Prediger und Lehrer und wird schließlich von Papst Gregor XIII. nach Rom gebeten. Hier soll er für Ordnung und Klarheit sorgen, denn kurz zuvor hatten sich während der so genannten Reformation, die in Deutschland von Martin Luther ausgeht, viele Christen von der katholischen Kirche losgesagt.

Robert schreibt mehrere Bücher, in denen er die Lehren der katholischen Kirche auch für Laien verständlich schildert. Sein „Kleiner Katechismus" – eine Art Handbuch für Glaubensfragen – wird in über 50 Sprachen übersetzt und mehrere Jahrhunderte lang immer wieder nachgedruckt.

Später weicht Robert – nach Differenzen mit Papst Gregor XIII. – von Rom nach Neapel aus. Hier im Süden Italiens leitet er einige Jahre die Jesuitenprovinz, bevor er wieder nach Rom zurückkehrt. Papst Paul V. hatte ihn zurückgerufen und zu seinem wichtigsten Berater gemacht. Als solcher beschäftigt er sich mit dem wichtigsten Streitfall jener Zeit, dem Fall des Galileo Galilei.

Bescheiden und zurückgezogen lebt er später bis zu seinem Tod im Jahr 1621 in Rom. Vorher hat er noch ein Buch über „Die Kunst des Sterbens" geschrieben.

Der Name Robert kommt aus dem Althochdeutschen und bedeutet „der Ruhmglänzende".

Sein Gedenktag ist der 17. September. 1930 wird er heilig gesprochen und 1931 zum Kirchenlehrer ernannt.

Robert Baden Powell

8. Januar

Am 22. Februar 1857 kommt in London Robert Baden Powell zur Welt. Sein Vater, ein anglikanischer Pfarrer, stirbt, als Robert gerade drei Jahre alt ist. So wird er mit seinen elf Geschwistern von seiner Mutter allein erzogen. Sie leben am Rand der Großstadt London, dort, wo es damals noch Felder, Wiesen und unberührte Natur gibt.

Weil seine Mutter nicht viel Zeit für die Kinder hat, streift der kleine Robert in seiner Freizeit mit seinen Freunden und Geschwistern gern durch die Landschaft, immer auf der Suche nach Abenteuern. Er lernt schwimmen, baut Boote, Hütten und Zelte und beobachtet Wildtiere. Von der Schule hält er nicht viel. Griechisch und Latein? Das interessiert Robert nicht besonders und dementsprechend sehen seine Zeugnisse aus. Er interessiert sich eher für praktische Dinge, spielt auch Geige und Horn und kann andere Personen verblüffend gut nachahmen. Seine Lehrer lieben ihn dafür natürlich nicht.

Mit 19 bewirbt sich Robert Baden Powell an einer Militärschule. Da er Pferde liebt, kommt er zur Kavallerie und wird mit seiner Einheit in ferne Länder wie Indien und Südafrika geschickt. Als begabter Aufklärer auf Erkundungseinsätzen macht er sich bald einen Namen. Auch seine Fähigkeit, sich zu verkleiden und in andere Rollen zu schlüpfen, sorgt dafür, dass ihn der britische Geheimdienst in verschiedenen Ländern einsetzt.

Seine Begabungen sprechen sich bei den Militärs schnell herum.
Man beauftragt ihn mit der Ausbildung der „Scouts". Scouts sind
militärische Pfadfinder, die nicht im offenen Kampf eingesetzt werden, sondern das gegnerische Lager auskundschaften müssen. Das
geschieht mit List, Lautlosigkeit, Tarnung und Tricks, nach Art der
Indianer, Trapper und Waldläufer.

Ein Schlagwort seiner damals neuen Unterrichtsmethoden ist „Lear-
ning by doing", zu deutsch: „Lernen durch Tun".

Für diese Ausbildungszwecke schreibt er ein Buch mit dem Titel „Hil-
fen für Pfadfinder". Das Buch ist allerdings nur für den militärischen,
dienstlichen Gebrauch herausgegeben worden. Doch Robert erlebt
eine Überraschung. Sein Werk wird von Kindern und Jugendlichen in
ganz England mit Begeisterung gelesen und zum Bestseller.

So kommt Robert auf die Idee, seine Erfahrung auch für die Ausbildung von Jugendlichen im Zivilleben zu nutzen. Er trommelt im Jahre 1907 erstmals 22 Buben zusammen – aus verschiedenen Gesellschaftsschichten: die Söhne von Adligen, von Offizieren, von Pferdepflegern, von Millionären und von einfachen Arbeitern.

Mit dieser Gruppe rudert er von der englischen Stadt Poole hinüber auf die Insel Brownsea.

Dort schlagen sie ihre Zelte auf, hissen ihre Fahnen, entzünden ihr Lagerfeuer, beobachten die Natur. Die Jungen sind begeistert. Die Idee findet Nachahmer – innerhalb von wenigen Jahren entstehen viele Pfadfindergruppen in ganz England.

Auf eigenen Wunsch lässt sich Robert – er hatte es bis zum General gebracht – im Alter von 50 Jahren pensionieren und widmet sich von da an ausschließlich der Jugendarbeit. Die Pfadfinderei ist aber nicht nur etwas für Buben, auch die Mädchen interessieren sich bald dafür. Die Mädchen-Pfadfinder werden „Girl Guides" genannt. 1912 lernt der „Jugendgeneral" auf einer Reise seine spätere Frau Olave St. Clair Soames kennen, die er kurz darauf heiratet. Die beiden haben drei Kinder.

Das erste internationale Pfadfinderlager, genannt Jamboree, wird 1920 abgehalten. Seither gibt es ein solches Treffen alle vier Jahre. Für seine persönliche Arbeit und seinen Einsatz für die Jugend Englands wird Baden Powell 1929 vom englischen König zum „Lord of Gilwell" ernannt.

Die letzten Jahre seinen Lebens verbringt er im ostafrikanischen Kenia, wo er am 8. Januar 1941 stirbt.

Rosa

23. August und 4. September
Sina, Rosalie, Rosamunde, Rosi, Rosina, Rosy,

Um das Jahr 1233 wird in der kleinen Gemeinde Viterbo, nördlich von Rom, das Mädchen Rosa geboren. Bis sie 17 Jahre alt ist, verläuft das Leben von Rosa wie bei allen Kindern und Jugendlichen in jener Zeit. Dann aber wird die junge Frau schwer krank. Als ihre Eltern, die Verwandten und die Freunde der Familie eigentlich die Hoffnung schon aufgegeben haben, dass Rosa noch einmal gesund werden könnte, wird sie wie durch ein Wunder über Nacht geheilt. Rosa, die wie alle Menschen um sie herum viel für ihre Rettung gebetet hat, ist für diese Heilung so dankbar, dass sie beschließt, ihr Leben Gott zu

widmen. So tritt sie dem Orden des heiligen Franziskus bei und ruft die Menschen zur Treue gegenüber Papst und Kirche auf. Das ist damals auch besonders nötig, denn zu dieser Zeit bekämpft Kaiser Friedrich den damaligen Papst Innozenz IV. Dieser Kampf symbolisiert gleichzeitig den Kampf der weltlichen Macht gegen die Macht der Kirche. Und weil der Bürgermeister von Viterbo auf der Seite des Kaisers steht, hat die fromme Rosa, die so offen für den Papst eintritt, kein leichtes Leben. Er lässt sie und ihre ganze Familie aus der Stadt werfen.

Das aber kann Rosa nicht abschrecken. Obwohl sie erst 18 Jahre alt ist, predigt sie mutig weiter und zieht mit ihrer Familie durch die Dörfer der Umgebung. Erst als der Kaiser gestorben ist, kann Rosa wieder nach Viterbo zurückkehren. Sie möchte dort gern in ein Klarissenkloster eintreten, wird aber nicht akzeptiert. Darüber ist Rosa todunglücklich, sie wird wieder krank und stirbt im Jahre 1252. Ihre sterblichen Überreste werden am 4. September 1258 in die Klarissenkirche in Viterbo gebracht und dort beerdigt.

Der 4. September ist deshalb auch ihr Gedenktag. Der Name Rosa kommt aus dem Lateinischen und bedeutet einfach „die Rose".

Eine andere berühmte Rosa ist „Rosa von Lima", die im 17. Jahrhundert in Peru lebt. Ihre Eltern wollen die schöne Tochter mit einem gut aussehenden und reichen jungen Mann verheiraten. Doch auch diese Rosa will ihr Leben lieber Gott widmen. Sie wird Dominikanerin und lebt im Garten ihrer Eltern in einer kleinen Bretterbude. Am 24. August 1617 stirbt sie und an ihrem Grab sollen sich schon viele Wunder ereignet haben. Sie wird in ganz Südamerika als Heilige verehrt. Ihr Gedenktag ist der 23. August.

Sabina

29. August
Sabine, Sabrina

Sabina ist eine reiche Römerin, deren Mann um das Jahr 100 nach Christi Geburt im Krieg gefallen ist. Wie vorher schon kümmert sich die Witwe Sabina jetzt noch mehr um arme und kranke Menschen, sie pflegt sie, gibt ihnen ein Dach über dem Kopf und Essen. Von ihrer treuen Dienerin Seraphia wird sie mit dem Christentum vertraut gemacht und lässt sich taufen. Von jetzt an setzt sie sich in erster Linie für ihre verfolgten Glaubensbrüder und -schwestern ein. Das ist alles andere als ungefährlich, denn die Römer haben ihre eigenen Götter, die sie anbeten.

Eines Tages wird ihre Dienerin Seraphia verhaftet, weil sie als Christin denunziert worden ist. Und obwohl Sabina alles versucht, kann sie nicht verhindern, dass ihre treue Dienerin von den Soldaten getötet wurde. Durch ihren Einsatz für die Sklavin aber hat sich Sabina selbst verdächtig gemacht. Als sie bekennt, auch Christin zu sein, wird sie dafür ebenfalls zum Tode verurteilt und enthauptet.

Dies geschieht im Jahr 127. Noch heute wird Sabina in Rom verehrt. Für ihr Andenken wurde auf einem der Hügel Roms die Kirche „Sancta Sabina" errichtet.

Der Name Sabina kommt aus dem Lateinischen und bedeutet „aus der Sippe der Sabiner stammend".

Sabinas Gedenktag ist der 29. August und sie ist die Patronin der Hausfrauen und Kinder.

Sarah

9. Oktober
Sara, Zarah

Saraj ist eine berühmte Frau aus dem Alten Testament. Sie lebt etwa 1800 Jahre vor Christi Geburt und ist die Ehefrau des Stammvaters der Juden, Abraham. Sie ist auch die Mutter des Isaak. Im Alten Testament wird erzählt, dass Abraham und Saraj lange Zeit kinderlos bleiben und dass Gott Abraham eines Tages die Botschaft schickt, er werde ihnen ein Kind schenken. Saraj werde von nun an „Sarah" heißen, was so viel wie „die Fürstin" bedeutet. Und obwohl Abraham zu diesem Zeitpunkt schon 100 Jahre alt ist und Sarah nur zehn Jahre jünger, bekommen sie tatsächlich noch einen Sohn.

Sarah soll 127 Jahre alt geworden und im Land Kanaan gestorben sein. Ihr Mann Abraham hat sie in der Höhle Machpela in Hebron begraben. Sarahs Grab und das ihres Mannes sind dort noch heute zu sehen. Sarahs Gedenktag ist der 9. Oktober.

Sebastian

20. Januar
Bastian

Der heilige Sebastian soll um das Jahr 250 irgendwo in Norditalien geboren worden sein. Die Mailänder glauben, dass seine Wiege in Mailand stand, aber genau weiß man das heute nicht mehr. Um sein Leben ranken sich viele Legenden. Sebastian soll später Offizier im römischen Heer gewesen sein.

Als er nach Rom kommt, schlägt er sich heimlich auf die Seite der verfolgten Christen. Er warnt sie vor ihren Verfolgern und zeigt ihnen die Verstecke, wo sie nicht gefunden werden können. Gefangenen Christen bringt er heimlich und eigenhändig Essen ins Gefängnis. Dabei wird er von einem Wärter erwischt und dieser meldet den Vorfall bei Kaiser Diokletian. Dieser verlangt von Sebastian, dass er den römischen Göttern ein Opfer bringe.

Als Sebastian das ablehnt, lässt er ihn an einen Pfahl binden und mit Pfeilen beschießen. Doch obwohl Sebastian von mehreren Pfeilen durchbohrt wird, stirbt er nicht. Eine fromme Witwe bindet den Verwundeten vom Pfahl und pflegt ihn gesund.

Kaum wieder bei Kräften, geht Sebastian zum Hof des Kaisers, zeigt sich seinen Beamten und erklärt, dass die Kraft seines Glaubens ihn vor dem Tod bewahrt habe. Der Kaiser fürchtet um seine Glaubwürdigkeit bei seinen Untertanen, er lässt Sebastian mit schweren Keulen erschlagen.

Über seinem Grab in Rom steht heute die Kirche San Sebastiano.

Sein Gedenktag ist der 20. Januar. Er ist der Patron der Schützen und Soldaten.
Der Name stammt aus dem Griechischen und bedeutet „der Verehrungswürdige".

Sibylle (Sibyllina Biscossi)

19. März
Cybil, Sybil, Sybill

Sibyllina Biscossi wird 1287 in Padua in Italien geboren. Sie erblindet mit 12 Jahren aus unerklärlichen Gründen. Keiner kann ihr helfen. Trotzdem tritt sie dem Orden der Dominikaner bei.

Von nun an lebt sie in einer Einsiedelei in der Nähe von Padua. Ratsuchende kommen von überall her und verehren sie schon bald als Heilige. Denn obwohl Sibyllina blind ist, kann sie tief in die Seelen der Menschen sehen. Auch im Leben und im Glauben findet sie sich gut zurecht und lehnt alle Hilfe ab.

Ihr Gedenktag ist der 19. März, denn an diesem Tag des Jahres 1367 soll sie im Alter von 80 Jahren gestorben sein.

Sie ist die Patronin der Mägde.

Ihr Name kommt aus dem Griechischen und bedeutet so viel wie „aus dem Rat der Götter stammend" oder auch „aus dem Rat des Zeus".

Silvester

31. Dezember
Silvia, Silvie, Silvio

Silvester I. wird noch vor Beginn der Christenverfolgungen des Kaisers Diokletian im Jahr 284 zum Priester geweiht. Er tritt sein Amt als römischer Bischof im Jahr 314 an. Erst ein Jahr zuvor hat der römische Kaiser Konstantin die christliche Kirche anerkannt und das Christentum zur Staatsreligion erklärt. Kein Wunder, dass Bischof Silvester, der als Bischof von Rom schon so etwas wie ein Papst ist, den Christen fortan als ein ungemein wichtiger Mann erscheint.

Die meist im 5. Jahrhundert entstandenen Legenden berichten von Silvesters Standhaftigkeit während der Zeit der Verfolgungen: Er warnt den Statthalter, der ihn zwingen will, die von ihm verwahrten Besitztümer der Christen herauszugeben, bis dieser beim Essen an einer Fischgräte erstickt. Silvester heilt und bekehrt den Kaiser und die Legende sagt, dass Silvester persönlich Konstantin getauft haben soll.

Ebenfalls eine Legende: Silvester bekehrt einige heidnische Priester, indem er einen Drachen bezwingt.

Das Fest für Silvester ist der 31. Dezember und wird schon seit dem 5. Jahrhundert im ganzen christlichen Europa gefeiert. Deshalb gilt Silvester auch als Schutzpatron für jedes neue Jahr. Aber er gilt auch als Beschützer der Haustiere und wird für eine gute Ernte angerufen.

Simon

28. Oktober
Simone

Zwei „Simons" gehören zu den zwölf Aposteln, die Jesus begleiteten – einer der beiden wird später „Petrus" gerufen.

Der andere, von dem hier die Rede ist, wird zur besseren Unterscheidung mit dem Beinamen „der Zelot" gerufen, denn bevor er beschloss, Jesus zu folgen, hatte er der jüdischen „Zeloten-Partei" angehört.

Von Simons Leben ist nicht viel überliefert. Zusammen mit Judas Thaddäus, einem Verwandten von Jesus, soll er nach Christi Tod und Auferstehung in die so genannte „Diaspora" gewandert sein.

Damit bezeichnet man damals eine Gegend, in der Juden nur eine kleine Minderheit sind. Dort predigen die beiden das Evangelium.

Dabei soll Simon angeblich den Märtyrertod gestorben sein. Sein Körper soll von wütenden Heiden zersägt worden sein.

Simons und Judas' Gedenktag ist der 28. Oktober.

Der Name Simon kommt aus dem Hebräischen und bedeutet etwa „Gott hat zugehört".

Er ist der Patron der Holzfäller und anderer Waldarbeiter.

Sophia

15. Mai

Sofia, Sofie, Sophie, Sonja, Sonia, Zophie, Zofia

Die heilige Sophia lebt um das Jahr 300 in Rom. Sie ist eine wohlhabende Frau und eine angesehene römische Bürgerin. Aber kaum jemand weiß, dass Sophia eine überzeugte Christin ist. Ihr Haus benutzt sie in diesen Zeiten der Christenverfolgung, um verfolgte Gläubige vor den Soldaten des Kaisers Diokletian zu verstecken.

Hingebungsvoll pflegt sie außerdem auch noch die Alten und Kranken und bietet ihnen Platz in ihrem Haus. Wo immer so viele Menschen untergebracht sind, wird natürlich auch viel Nahrung gebraucht.

Das macht einen Händler misstrauisch, der Sophias Haushalt kennt und weiß, dass dort nur eine einzige Dienerin mit ihrer Herrin lebt. Er kann einfach nicht glauben, dass zwei Menschen solche gewaltigen Mengen an Nahrungsmitteln benötigen, und berichtet einem kaiserlichen Offizier von seinen Beobachtungen. Daraufhin stürmen Soldaten eines Tages unerwartet Sophias Haus und finden die gesuchten Christen, die sich bei Sophia versteckt halten.

Alle werden verhaftet und zum Tode verurteilt – auch Sophia selbst. Ihr Leichnam wird später in der Kirche San Martino ai Monti begraben.

Der Name Sophia stammt aus dem Griechischen und bedeutet in etwa „die Weisheit".

Sophia wird angerufen gegen Spätfröste und für ein gutes Wachstum des Getreides.

Ihr Gedenktag ist der 15. Mai, der zuweilen auch als „Kalte Sophie" bezeichnet wird. Denn wenn es an diesem Tag mitten im Frühling noch einmal sehr kalt wird, erfrieren häufig die Blüten der Obstbäume oder die ersten noch zarten Pflanzen. Und das fürchten die Bauern und Gärtner.

Stephan

26. Dezember

Stefan, Steffen, Stefana, Stephania, Stephanie, Stefanie, Steffi

Stephan ist ursprünglich nur eine Art Helfer der zwölf Apostel. Als Diakon hilft er beim Sammeln von Geld und Kleidung, bei der Versorgung der Armen, organisiert Unterkünfte und räumt auf, wenn es notwendig ist. Damit ist er eine Art „Mädchen für alles". Was aber zunächst kaum jemand weiß: Stephan, der immer so bescheiden und unauffällig im Hintergrund bleibt, ist ein kluger Mann, der auch großartig predigen kann. Nach Christi Tod und Auferstehung drängt es ihn, seine Talent zu beweisen. Also bittet er die Apostel, ihn zu den Menschen sprechen zu lassen, damit er das Wort Gottes in aller Welt verkünden kann. Die Apostel, die noch in Jerusalem leben, stimmen zu und Stephan hält hier an öffentlichen Plätzen seine ersten Predigten zum Leben und zum Werk Jesu Christi.

Man könnte ihn also als ersten Missionar bezeichnen. Denn ihm ist es eigentlich zu verdanken, dass sich innerhalb weniger Monate eine zwar kleine, aber recht aktive christliche Gemeinde bildet.

Den jüdischen Geistlichen ist Stephan damit aber ein Dorn im Auge. Zunächst kommen sie zu seinen Predigten und versuchen, ihn mit spöttischen Zwischenrufen aus dem Konzept zu bringen. Aber Stephan bleibt schlagfertig und gelassen, sodass am Ende fast immer die Zwischenrufer selbst die Blamierten sind. Schließlich dreht Stephan den Spieß sogar um und geht in die Synagogen. Dort weicht er keinem Streitgespräch aus.

Heute würde man sagen, Stephan ist ein großartiger „Rhetoriker". Doch damals ist er in erster Linie gefährlich leichtsinnig. Denn diese immer während Provokation der einflussreichen Schriftgelehrten kann auf Dauer nicht gut gehen: Sie klagen ihn der Aufwiegelung und der Volksverhetzung an und Stephan muss vor Gericht erscheinen. Auch dort gibt er eine brillante Vorstellung – seine Verteidigungsrede kann noch heute in der Apostelgeschichte der Bibel nachgelesen werden.

Das Gericht ist ziemlich hilflos, denn mit Worten ist diesem Mann nicht beizukommen. Während des Prozesses passiert auch noch ein Wunder. Den Richtern erscheint das Gesicht Stephans als Gesicht eines Engels. Da brechen sie völlig geblendet und voller Angst die Verhandlung ab. Das Gericht muss einsehen, dass es mit den üblichen Rechtsmitteln kaum etwas ausrichten kann, und so wird Stephan gegen jedes gültige Recht und ohne ausreichende Verhandlung wegen angeblicher Gotteslästerung zum Tode verurteilt. Kurz vor seiner Steinigung bittet er Gott noch um Vergebung für seine Henker.

Dies erlebt auch der junge Saulus, der später durch dieses Erlebnis zu Paulus und damit zu einem der wichtigsten Männer des frühen Christentums wird. Stephan stirbt unter den Steinen.

Die junge Gemeinde in Jerusalem flieht aus der Stadt und zerstreut sich in alle Himmelsrichtungen. Überall verbreiten diese ersten Christen das Evangelium.

Stephans Gedenktag ist der 26. Dezember. Er ist Patron der Pferdepfleger und Kutscher. Sein Name bedeutet „der Bekränzte".

Suitbert

4. September
Sven, Svenja, Swantje, Swetlana, Svetlana

Der Name Sven kommt vom alten angelsächsischen Namen Suitbert. Suitbert ist um das Jahr 670 ein Graf in England. Damals sind England und Irland schon fast durchweg christlich, anders als andere Gegenden Nordeuropas.

Im Jahr 690 kommt Suitbert als eine Art wandernder Bischof auf das Festland und zieht durch die heutigen Niederlande und Westfalen. Dort versucht er als Missionar das wilde Volk der Brukterer zum Christentum zu bekehren. Viel Erfolg hat er nicht damit. Die Männer nehmen zwar seine Ratschläge zu Ackerbau und Viehzucht an und wissen auch seine Tipps zu schätzen, wie sich Sümpfe trockenlegen lassen. Dem Christentum vertrauen sie aber nur sehr bedingt – und sobald Suitbert einmal nicht da ist, beten sie wieder zu ihren alten Göttern.

Suitbert gibt jedoch nicht auf, sondern errichtet auf der Rheininsel Kaiserswerth ein Kloster, um dort junge Missionare auszubilden.

Hier stirbt er schließlich im Jahr 713 und wird dort auch begraben. Sein Gedenktag ist der 4. September.

Der Name Suitbert kommt aus dem Angelsächsischen und bedeutet „durch Kraft glänzend".

Susanna

11. August
Susanne, Susan, Susi

Die heilige Susanna lebt um das Jahr 300 in Rom. Sie ist die außergewöhnlich hübsche Tochter eines Staatsbeamten und außerdem eine entfernte Verwandte des Kaisers Diokletian, der die Christen erbarmungslos verfolgen lässt. Susanna jedoch ist selbst Christin – eine Tatsache, die dem Kaiser zunächst verborgen bleibt. Er versucht nämlich, die junge Frau als Ehefrau für seinen Sohn zu gewinnen. Die junge Christin Susanna weiß natürlich genau, dass das nicht geht, weil sie als Christin große Schwierigkeiten bekommen würde. Also lehnt sie ab, den Sohn des Kaisers zu heiraten. Diokletian ist natürlich nicht gewohnt, dass man ihm widerspricht und wirft Susanna wegen dieser Unverschämtheit ins Gefängnis.

Damit will er ihren Widerstand brechen und hofft, dass danach ihre Angst so groß ist, dass sie beim nächsten Mal wohl Ja sagen wird.

Kaum ist Susanna also wieder zu Hause, schickt der Kaiser seine Brautwerber erneut zu ihr. Und wieder weigert sich Susanna.

Die Werber reden stundenlang auf die junge Fraun ein, versuchen sie zu überzeugen, zu überreden und schließlich sogar durch Drohungen gefügig zu machen, doch die damals gerade 17-Jährige bleibt standhaft. Sie sei Christin und wolle nur einen Christen heiraten – auf keinen Fall den Sohn des Kaisers, erklärt sie.

Da werden die beiden Brautwerber so aggressiv, dass sie Susanna mit Schlägen derart schlimm traktieren, dass sie im Hause der Eltern an den Folgen der Schläge stirbt.

Susannas Gedenktag ist der 11. August.

Ihr Name, der aus dem Griechischen stammt, bedeutet „die Lilie".

Susanna ist die Patronin gegen Regen, Unglück und Verleumdung.

Tatiana

12. Januar
Tatjana, Tanja, Tania

Über Tatianas Leben weiß man leider ziemlich wenig, doch ist sie wohl eine der ersten Christinnen, die in Rom den Märtyrertod sterben.

Sie soll die Tochter eines hohen Beamten gewesen sein und habe sich zum Christentum bekehren und taufen lassen. Doch eine vermeintliche Freundin soll Tatianas Geheimnis verraten haben. Und obwohl ihr Vater alles tut, um ihr und sich zu helfen, wird sie verhaftet. Ihrem Vater zuliebe bekommt Tatiana eine letzte Chance, indem man sie zum Tempel des römischen Gottes Apollo führt, dem sie nun ein Opfer bringen soll. Doch Tatiana weigert sich und betet stattdessen laut zu Gott. In diesem Moment bebt die Erde und sowohl die Soldaten wie auch die Apollo-Priester werden unter den Trümmern des einstürzenden Tempels verschüttet. Nur Tatiana bleibt unverletzt. Doch ihr Leidensweg geht weiter. Die Behörden lassen sie wieder einsperren, schrecklich foltern und schließlich wird sie enthauptet. Tapfer betet sie noch vor ihrem Tod für ihre Feinde.

Tatianas Gedenktag ist der 12. Januar.

Der Name kommt aus dem griechischen Sprachraum und bedeutet ursprünglich so viel wie „Väterchens Liebling".

Theresia

15. Oktober
Thea, Teresa, Therese, Resi

Die heilige Theresia wird am 28. März 1515 im spanischen Avila geboren. Ihre Eltern sind fromme Christen und entsprechend wird das Mädchen auch erzogen. Doch zunächst ist Theresia, die als hübsch und lebenslustig geschildert wird, mehr an Spaß und jungen Männern interessiert. Selbst als sie im Alter von 20 Jahren in ein Kloster eintritt, gilt sie noch immer als oberflächlich, eingebildet und ziemlich eitel. Doch nach einigen Jahren des Klosterlebens hat sie eine Vision – sie sieht das Leiden Christi ganz deutlich vor sich. Theresia ist erschüttert und ändert ihr ganzes Leben von Grund auf. Im Kloster sorgt sie dafür, dass die christliche Lehre wieder mehr in den Vordergrund tritt und dass wieder feste Gebetsregeln gelten. Einige ihrer Mitschwestern nehmen ihr diese neue Strenge übel. Deswegen verlässt sie den Orden und gründet später die Gemeinschaft der „Unbeschuhten Karmelitinnen". Theresia stirbt am 4. Oktober 1582. Ihr Gedenktag ist der 15. Oktober. Sie ist die Nationalheilige Spaniens.

Mutter Teresa (von Kalkutta)

19. September

So eine kleine, gebückte, hagere Erscheinung und gleichzeitig eine so große Frau, das ist die berühmte Mutter Teresa, die am 19. September 2003 selig gesprochen worden ist.

1910 wird sie als Agnes Gonxha Bojaxhio in der Stadt Skopje (Mazedonien) als Tochter eines Geschäftsmannes geboren und katholisch getauft. Als sie neun Jahre alt ist, stirbt völlig überraschend ihr geliebter Vater.

Mit 18 Jahren schließt sie sich den „Schwestern der Jungfrau von Loreto" an, einem pädagogisch arbeitenden Orden, der besser als die „Englischen Fräulein" bekannt sind. Im Mutterhaus in der irischen Hauptstadt Dublin erhält sie ihre Ausbildung als Missionarin und nimmt in Verehrung der Therese von Lisieux den Ordensnamen Teresa an.

Anfang 1929 kommt sie nach Nordindien, wo sie in Kalkutta zur Lehrerin ausgebildet wird.

Im Mai 1937 legt sie das Ordensgelübde ab und wird Leiterin einer höheren Schule für bengalische Mädchen. Direkt neben der Schule liegt ein großes Armenviertel. Tagtäglich erlebt die Lehrerin schlimmstes Leid und Elend. Sie sieht, wie Menschen von Ratten angefressen werden, verhungern, an eiternden Geschwüren und befallen von Maden und Würmern elend zugrunde gehen. Das macht ihr immer mehr zu schaffen, darüber kann sie nicht hinwegsehen, sie selbst kann angesichts von so viel Unrecht kaum noch schlafen.

1937 entschließt sich Teresa, ihr Leben in Zukunft den Ärmsten der
Armen zu widmen, und bezeichnet diesen Tag der Entscheidung
von nun an als den „wichtigsten Tag meines Lebens".
Sie geht höchstpersönlich auf die Müllhalden, pflegt die Schwer-
kranken, traut sich zu denen, die die ansteckende Lepra schon
völlig entstellt hat. Und sobald Schwester Teresa ein gerettetes
Kind in den Armen halten kann, ist alle Mühe, sind alle Ängste vergessen. Dennoch dauert es bis 1948, bis sie endlich die offizielle Erlaubnis erhält, den Orden zu verlassen und unter den Ärmsten im
Slum zu leben und zu arbeiten. So schlimm es hier auch sein mag,

Schwester Teresa ist hier zu Hause, die Ausgestoßenen sind ihre
Familie. Sie ehren sie mit dem Namen „Engel der Sterbenden".
Andere Frauen wollen ihrem Beispiel folgen, erst wohlhabende jun-
ge Inderinnen, später auch Frauen aus Europa, Amerika und Afrika.

1950 genehmigt der Papst die Gründung der „Gemeinschaft der Missionarinnen der Nächstenliebe", die damals zwölf Schwestern umfasst und deren Leiterin Teresa wird. Die Gemeinschaft wächst und wird weltweit bekannt. Das ist wichtig, damit Mutter Teresa, wie sie in ihrer „Familie" genannt wird, Spenden sammeln kann, auf die sie für ihre Arbeit dringend angewiesen ist.

Mutter Teresa, die einfache Frau im weißen Sari, ist bescheiden und selbstbewusst zugleich.

1979 wird Mutter Teresa mit dem Friedensnobelpreis ausgezeichnet. Sie verzichtet auf das übliche Festbankett in Oslo und lässt sich das Geld, umgerechnet 6000 Euro, lieber zusätzlich zu ihrem Preisgeld von 170 000 Euro auszahlen. Damit wird sie jungen Leprakranken beim Hausbau helfen.

Mutter Teresa stirbt am 5. September 1997 in ihrer Wahlheimat Kalkutta.

Ihre Missionarinnen der Nächstenliebe arbeiten heute in aller Welt in ihrem Sinne weiter.

Am 19. September 2003 wurde die kleine große Frau selig gesprochen und in einigen Jahren wird sie wohl auch eine Heilige sein.

Thomas

3. Juli
Tom, Tommy

Die Bezeichnung „der ungläubige Thomas" ist eigentlich unpassend, denn sie gibt das Leben des heiligen Thomas nicht gut wieder. Denn dieser Beiname kommt eigentlich nur daher, dass Thomas die Auferstehung zunächst nicht glauben kann. Damit steht er sicherlich nicht alleine da. Erst als ihm Jesus selbst erscheint und ihm seine Wunden zeigt, kann sich auch Thomas mit diesem Wunder der Auferstehung anfreunden.

Zuvor jedoch ist Thomas einer der treuesten Jünger Jesu. Er folgt seinem Herrn überallhin und will ihm sogar in den Tod folgen. Nach der Kreuzigung und Auferstehung verlässt Thomas, der wie einige andere Jünger in seinem früheren Leben ein Fischer in Galiläa gewesen ist, seine Heimat.

Er reist bis nach Äthiopien und nach Indien und verkündet als Missionar überall das Evangelium.

Er soll sogar als Architekt für den indischen König Gundaphar gearbeitet und diesen dabei zum Christentum bekehrt haben.

Lange Zeit hat es in Indien die Nachkommen derjenigen gegeben, die von Thomas einst getauft worden sind. Sie nannten sich selbst „Thomas-Christen" und bildeten eine kleine christliche Gemeinde unter Millionen von Andersgläubigen.

Thomas selbst soll im hohen Alter etwa im Jahr 72 in der Nähe der indischen Stadt Madras erstochen worden sein. Dort wird ein Berg seitdem als „Großer Thomasberg" bezeichnet. Auf dem Berg wurde im Jahr 1547 zum Gedenken an den Heiligen eine Kirche gebaut.

Thomas' Gedenktag ist der 3. Juli.

Der Name kommt aus der alten Sprache Aramäisch und bedeutet in etwa „der Zwilling". Thomas ist Patron der Bauleute und Architekten.

Tobias

13. September
Tobi, Tobia, Toby

Tobias – nach diesem Namen ist ein Buch des Alten Testaments benannt. Es ist die Geschichte von Vater und Sohn. Tobias der Ältere ist ein frommer Jude, der seinem Gott stets die Treue hält. Er wird in Ninive von Heiden gefangen genommen, für seinen Glauben ausgelacht und verspottet. Doch nichts kann ihn von seinem Gott trennen. Schließlich lassen ihn seine Peiniger laufen. Tobias kehrt zurück in seine Heimat, in der er für seine Barmherzigkeit und Nächstenliebe verehrt und geachtet wird.

Als er 56 Jahre alt ist, erblindet Tobias urplötzlich. Statt mit dem Schicksal zu hadern, vertraut er weiter auf Gott, und wie durch ein Wunder kann er nach einigen Monaten wieder sehen. Auch sein Sohn, der ebenfalls Tobias heißt und „Tobias der Jüngere" genannt wird, ist ein gläubiger Mensch. Die Legende erzählt, dass er bei einer gefährlichen Reise sogar vom Erzengel Raphael begleitet und beschützt worden ist. Der Gedenktag des Tobias ist der 13. September. Der Name stammt aus dem Hebräischen und bedeutet sinngemäß „Gott ist gut". Tobias ist der Patron der Pilger und Reisenden und wird gegen Augenkrankheiten angerufen.

Ulrich

4. Juli
Udo, Ullrich, Ulli, Uli, Ulrike, Uwe

Der heilige Ulrich wird im Jahr 890 in Augsburg geboren. Seine adeligen und reichen Eltern schicken ihn zum Studieren in ein Schweizer Kloster, in dem er auf den Beruf des Priesters vorbereitet wird. Doch als der Vater stirbt, kehrt Ulrich nach Hause zurück und hilft der Mutter bei der Verwaltung des Familienbesitzes.

Da er ein freundlicher, kluger, bescheidener und überaus gerechter junger Mann ist, ist Ulrich sowohl bei den Mächtigen als auch bei den Bürgern der Stadt beliebt. So schlägt man dem jungen Priester vor, Bischof von Augsburg zu werden. Im Alter von nur 33 Jahren erhält er dieses hohe Amt.

Wer nun denkt, Ulrich würde die neue Würde zu Kopf steigen, täuscht sich. Auch als Bischof bleibt er bescheiden und ist freundlich zu allen – die Augsburger verehren ihren Bischof bald wie einen Heiligen.

Als im Jahre 955 die Ungarn in Süddeutschland einfallen, kommt es vor Augsburg zu einer gewaltigen Schlacht: der Schlacht auf dem Lechfeld. Mittendrin reitet der damals schon recht betagte Bischof Ulrich und flößt mit seiner Unerschrockenheit, seinem Mut und seinen Anfeuerungen den Soldaten Respekt und Bewunderung ein. Tausende kann er so zum Durchhalten bewegen. Ulrich und die Seinen haben Erfolg – die heidnischen Ungarn werden besiegt und vertrieben.

In den nächsten Jahren widmet Ulrich sein Leben fast ausschließlich den Armen. Er lässt ein Hospital errichten, in dem arme Menschen auch ohne Geld behandelt werden. Er verteilt auf eigene Kosten Nahrung und Kleidung. Als er am 4. Juli 973 im damals hohen Alter von 83 Jahren in seiner Heimatstadt stirbt, wird er in Augsburg von seinem Freund Wolfgang, dem Bischof von Regensburg, in der Basilika begraben, die heute St. Ulrich und Afra heißt. 20 Jahre nach seinem Tod wird er bereits heilig gesprochen.

Der Name Ulrich stammt aus dem Althochdeutschen und bedeutet etwa „Herr des Erbes". Ulrich ist der Patron der Stadt Augsburg, der Weber, Weinbauern, der Fischer und der Reisenden.

Sein Gedenktag ist sein Todestag – der 4. Juli.

Ursula

21. Oktober
Ursel, Uschi, Urs, Ulla

Die heilige Ursula lebt irgendwann im vierten Jahrhundert und ist die Tochter eines englischen Königs. England ist damals durch den Einfluss der Römer bereits christlich und auch Ursula ist im Glauben an Jesus erzogen worden.

Weil sie eine besonders hübsche Frau ist, verliebt sich der Prinz Aetherius aus der Bretagne in Nordfrankreich in Ursula. Er ist allerdings kein Christ. Doch als er um Ursulas Hand anhält, wagen weder Ursula noch ihr Vater, den Antrag abzulehnen. Schließlich ist Aetherius ein berühmter Krieger und verfügt über ein starkes Heer – eine Ablehnung hätte ihn so beleidigt, dass es wohl zum Krieg gekommen wäre.

So lässt sich Ursula einen Trick einfallen. Sie bittet die Brautwerber um eine Bedenkzeit von drei Jahren. In dieser Zeit soll Aetherius sich darum bemühen, die christliche Lehre zu verstehen und dem Glauben beizutreten. Zur Überraschung aller Beteiligten ist der bretonische Prinz damit einverstanden. Nach der vereinbarten Zeit besteigt Ursula zusammen mit zehn ihrer Freundinnen ein Schiff, das sie zu ihrem Bräutigam bringen soll.

Doch das Schiff erreicht die französische Küste nicht. Denn unterwegs kommt es zu einem so gewaltigen Sturm, dass es vom Kurs abgetrieben wird. Erst an der Rheinmündung in den Niederlanden kann sich der Kapitän wieder orientieren.

Völlig entnervt von der abenteuerlichen Reise beschließt er, einfach den Rhein hinaufzusegeln und seine Passagiere irgendwo in Deutschland abzusetzen – von dort ist es schließlich auf dem Landweg auch nicht mehr so weit bis in die Bretagne.

Doch es kommt ganz anders als geplant. Bei Köln wird das Schiff von den Hunnen überfallen, die die Stadt besetzt haben. Die Belagerer verschleppen die Jungfrauen in ihr Lager, um sie zu ihren Frauen zu machen. Als sie sich weigern, werden alle getötet, nur Ursula bleibt am Leben, denn diese will der Hunnenfürst selbst zur Frau haben.

Doch die schöne Königstochter sagt nur: „Ich bin eine Braut Christi", und weigert sich, dem Heiden zu gehorchen. Dieser wird daraufhin so wütend, dass er Ursula mit einem Pfeilschuss tötet.

Ursulas Gedenktag ist der 21. Oktober.

Über ihrem Grab wird in Köln später die Ursulakirche gebaut. Sie ist die Patronin der Stadt Köln sowie der Jugend, der Lehrerinnen und der Stoffhändler. Viele der Gefährtinnen Ursulas werden ebenfalls als Heilige verehrt.

Der Name Ursula kommt aus dem Lateinischen und bedeutet „die kleine Bärin".

Ute

27. November
Oda, Odette, Uta, Udo

Der Name „Ute" leitet sich vom alten sächsischen Namen „Oda" ab. Die bekannteste Trägerin dieses Namens ist wohl Oda (Ute) von Belgien, die ursprünglich aus Irland kommt. Dort sind die Menschen vom heiligen Patrick zum Christentum bekehrt worden und von dort aus ziehen viele Christen über den Ärmelkanal nach Europa. Zwar ist es Frauen damals verboten, als Missionarinnen von Ort zu Ort zu ziehen, doch Ute will einfach auf ihre Art ein gutes Beispiel geben. Sie lässt sich in Brabant im heutigen Belgien als fromme Einsiedlerin nieder, um die zahlreichen Missionare durch ihre Gebete zu unterstützen.

Ute stirbt um das Jahr 726 und wird nach ihrem Tod als Heilige verehrt. Der Ort ihrer Einsiedelei, eine kleine Hütte, bekommt ihren Namen und heißt heute „Saint Oden-Roew". Ihr Gedenktag ist der 27. November. Der Name Oda oder Ute bedeutet so viel wie „Wohlstand" oder auch „Reichtum".

Verena

1. September
Vera, Vreni, Rena, Rene, Renée

Verena stammt ursprünglich aus Ägypten und kommt als junge Frau im Gefolge von christlichen Soldaten in die heutige Schweiz. Sie soll die Tochter eines Hauptmanns der so genannten Thebäischen Legion gewesen sein, die etwa um das Jahr 300 in den Alpen stationiert werden soll. Ihr Vater ist unterwegs auf dem Marsch gestorben und so kümmert sich von nun an ihr Onkel, ebenfalls ein Mitglied der Legion, um das Mädchen. Doch als die Soldaten aus dem fernen Ägypten auf dem Pass auftauchen, der heute als „Großer St. Bernhard" weltbekannt ist, laufen sie direkt in eine Falle. Denn der Kaiser hat wenige Tage zuvor herausgefunden, dass diese Legion aus lauter Christen besteht, und angeordnet, sie bei der nächstbesten Gelegenheit vom Erdboden zu tilgen. So werden gleich mehrere Legionen auf den Pass geschickt und in einen Hinterhalt gelegt. In einem furchtbaren Gemetzel werden die ägyptischen Soldaten aus dem Hinterhalt heraus getötet.

Nur Verena überlebt den Kampf – sie hatte sich unter einem vorstehenden Felsen versteckt. Als die fremden Soldaten abgerückt sind, wandert sie zunächst weiter in Richtung Bern, wo sie in der Nähe von Solothurn eine Weile als Einsiedlerin in einer Schlucht lebt.

Obwohl sie die Sprache der Einheimischen weder spricht noch versteht, wird sie von einer frommen Bauersfrau mit Nahrung

versorgt. Denn diese hat aus Verenas Gesten und dem Kreuzzeichen geschlossen, dass das Mädchen ebenfalls eine Christin ist.
Später zieht Verena weiter und wird in Zurzach die Haushälterin des
örtlichen Priesters. Ein Jahrzehnt lang führt sie ihm den Haushalt und
hilft ihm dabei, Arme und Kranke zu betreuen und zu versorgen.

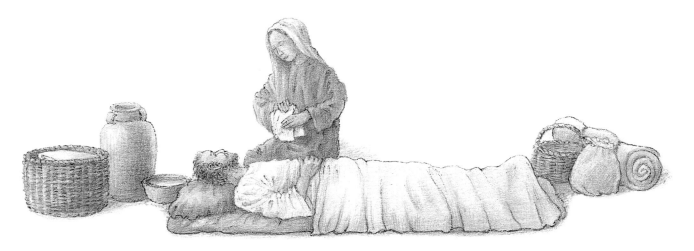

Doch die Arbeit hinterlässt ihre Spuren. Angesichts der vielen Not
wird Verena schwermütig und sehnt sich nach Einsamkeit. Mit der
Erlaubnis des Geistlichen zieht sie sich wieder in eine kleine, einsame
Hütte zurück und lebt dort noch etliche Jahre von Wasser und wilden
Beeren.

Verena stirbt um das Jahr 350 und wird in Zurzach begraben. Das
nach ihr benannte Münster ist ein bekannter Wallfahrtsort geworden.

Verenas Gedenktag ist der 1. September. Sie ist Patronin der
Schweiz, der Pfarrhaushälterinnen und der Armen. Ihr Name kommt
aus dem Lateinischen und bedeutet „die Scheue".

Veronika

4. Februar

Verona, Vroni, Ronni, Ronny, Veronique

Die Legende erzählt, dass Veronika, die zu Jesu Lebzeiten in Jerusalem lebt, sich ein Bild von ihm gewünscht habe, einfach, weil sie ihm nicht überallhin folgen kann. Also macht sie sich auf den Weg zu einem Maler, um diesen um ein Porträt zu bitten. Aber gerade als sie das Haus verlassen hat, begegnet ihr Jesus persönlich. Freundlich spricht er sie an und will wissen, wohin sie denn so eilig laufe. Da erzählt sie ihm alles und er lächelt, nimmt ihr das Tuch aus der Hand und legt es kurz auf sein Gesicht. Daraufhin gibt er ihr das Tuch zurück und sie sieht, dass sich sein Gesicht in allen Details darauf eingeprägt hatte. Jesus geht schließlich seiner Wege und Veronika hütet dieses Tuch von nun an wie ihren kostbarsten Schatz.

Später erzählt sie diese Geschichte einem Boten des kranken Kaisers Tiberius. Dieser ist nach Jerusalem auf der Suche nach guten Ärzten gekommen, die Tiberius von seinen rasenden Kopfschmerzen befreien sollen.

Da Veronika davon überzeugt ist, dass ihr Tuch Wunder wirken kann, nimmt der Abgesandte Veronika mit nach Rom. Dort erweist das Tuch dann tatsächlich seine Heilkraft. Tiberius, dem bisher kein Arzt helfen konnte, wird wieder gesund, nachdem man ihm das Tuch auf den Kopf gelegt hat. Um diese Legende ranken sich noch weitere Geschichten. So soll Veronika während der Kreuztragung dem zu-

sammenbrechenden Heiland ihr Schweißtuch gereicht haben, auf
dem der Abdruck seines Antlitzes mit der Dornenkrone erhalten geblieben sein soll.

Veronika stirbt um das Jahr 70 und ist Patronin der Pfarrhaushälterinnen. Außerdem wird sie um einen guten und schmerzlosen Tod
angerufen. Ihr Name ist eine Kombination aus dem lateinischen
„verus" (wahr) und dem griechischen „eikon" (Bild), sodass er so viel
wie „wahres Bild" bedeutet.

Vinzenz von Paul

27. September
Vincent

Vinzenz von Paul hat sich zeitlebens um Kranke und Bedürftige gekümmert, Hospitäler gegründet und für die richtige Organisation seiner Hilfswerke gesorgt. Deshalb sehen viele in Vinzenz von Paul auch den Vater der Caritas-Bewegung.

Wie kam es dazu? Der kleine Vinzenz wird im Dorf Pouy (daher der Name Paul) im Südwesten Frankreichs in einer Bauernfamilie geboren. Schon früh weiß der Junge, was er will, nämlich für die Kirche arbeiten. So studiert der junge Mann Theologie und wird schon mit 19 Jahren zum Priester geweiht. Dann aber schnappt ihm ein anderer Bewerber die von ihm begehrte Pfarrstelle vor der Nase weg. Es folgen abenteuerliche Zeiten, Vinzenz macht Schulden, muss fliehen, wird von Seeräubern gefangen und arbeitet als Fischer.

Bis er endlich im Jahr 1608 eine Anstellung als Priester in Paris findet. Von da an setzt er sich mit großem Engagement für Hilfsbedürftige ein. Er gründet Hospitäler, pflegt Kranke und die Kinder der Armen und verteilt Lebensmittel an die Hungernden. Bald merkt der zielstrebige Seelsorger aber, dass seine Hilfe richtig organisiert werden muss, damit sie nicht verpufft. Er gründet Bruderschaften der Nächstenliebe, die sich vor allem in den Krankenhäusern, Kinderheimen und Altenheimen engagieren.

Zusammen mit Luise von Marillac, gründet er später noch eine Frauengemeinschaft, aus der die Barmherzigen Schwestern her-

vorgehen, die sich ebenfalls um die Kranken in Elendsvierteln und
um die Gründung von Krankenhäusern kümmern. Auch heute noch
sind die Vinzentinerinnen als Orden im Sinne des Heiligen in der
Alten- und Krankenpflege tätig.

Nach seinem Tod am 27. September 1660 wurde er 1737 heilig gesprochen. Er ist der Patron der Krankenhäuser, der Gefangenen und
Waisen und aller Vereinigungen christlicher Nächstenliebe.

Wiwina

17. Dezember
Vivien, Vivian, Viviana, Vivienne

Wiwina lebt zunächst als Einsiedlerin in einem großen Wald im heutigen Belgien. Wer ihre Eltern sind und woher sie kommt, ist leider nicht überliefert. Fest steht jedoch, dass die Menschen aus dem ganzen Land zu ihr gehen, sie um Rat fragen und ihre Hilfe im Gebet erbitten. Denn Wiwina gilt als weise, freundlich und sehr fromm.

Der Ansturm ist so groß, dass Wiwina eines Tages keinen Sinn mehr in ihrem Einsiedlerleben sieht. 1146 gründet sie zusammen mit Herzog Gottfried dem Bärtigen das Kloster Grand-Bigard in der Nähe von Brüssel und wird dessen erste Äbtissin. Bald schon führt sie dort die Benediktinerregeln ein.

Wiwina ist in Belgien bis heute eine der am meisten verehrten Heiligen. Ihr Gedenktag ist der 17. Dezember und sie ist die Patronin gegen Halserkrankungen, Fieber, Rippenfellentzündung wie auch Maul- und Klauenseuche.

Wolfgang

31. Oktober
Wolf, Wulf, Wolfhard, Ulf, Uwe

Wie Wolfgang ursprünglich geheißen hat, ist leider nicht überliefert, denn den Namen, unter dem er bekannt wird, erhält er erst als Erwachsener.

Doch der Reihe nach: Der Bub wird im Jahr 924 irgendwo im Schwäbischen geboren und von seinen Eltern zur Klosterschule auf der Bodenseeinsel Reichenau geschickt. Im Jahr 965 wird der hochintelligente Mann selbst Lehrer an der Domschule in Trier. Der Augsburger Bischof Ulrich schickt ihn als Missionar nach Ungarn. Dort bekommt er seinen Namen. Denn die Heiden werden damals auch „Wölfe" genannt und so wird aus ihm einer, „der zu den Wölfen geht" – Wolfgang.

Nach seiner Rückkehr ernennt Kaiser Otto II. ihn zum Bischof von Regensburg. Auch in diesem hohen Amt bleibt er allerdings seinem Lebensstil treu und führt weiterhin ein genügsames und bescheidenes Leben, wie er es von seinen Zeiten als Mönch gewohnt ist.

Seine Position nutzt er, um sich um die Armen zu kümmern. Deshalb wird er schon zu Lebzeiten in und um Regensburg wie ein Heiliger verehrt.

Später zieht sich Wolfgang in das heutige Österreich zurück, um in der Nähe eines Sees im Salzkammergut eine Kirche zu bauen. Mit eigenen Händen rodet er ein großes Stück Wald und dort entsteht schließlich die berühmte „Wolfgangskirche" am Wolfgangsee.

Wolfgang stirbt am 31. Oktober. Sein Leichnam wird in einer feierlichen Prozession in sein eigenes Bistum Regensburg gebracht und dort in der Kirche St. Emmeram begraben.

Er ist der Hauptpatron der Diözese Regensburg sowie der Hirten und Holzarbeiter. Wolfgang wird gegen Krankheiten wie Gicht, Lähmung, Fußleiden oder Augenkrankheiten angerufen.